ANTOLOGIA
POÉTICA

VINICIUS DE MORAES

ANTOLOGIA POÉTICA

13ª reimpressão

COMPANHIADEBOLSO

Grafia atualizada segundo o Acordo Ortográfico da Língua Portuguesa de 1990,
que entrou em vigor no Brasil em 2009.

Projeto gráfico de capa
Jeff Fisher

Imagem de capa
DR / Acervo VM
Todos os esforços foram feitos para determinar a origem da imagem de capa deste livro.
Contudo, isso não foi possível. Teremos prazer em creditar a fonte, caso se manifeste.

Preparação
Márcia Copola

Revisão
Ana Maria Barbosa
Marise Leal

Dados Internacionais de Catalogação na Publicação (CIP)
(Câmara Brasileira do Livro, SP, Brasil)

Moraes, Vinicius de, 1913-1980.
    Antologia poética / Vinicius de Moraes. — 1ª ed. — São Paulo :
Companhia das Letras, 2009.

    ISBN 978-85-359-1408-5

    1. Poesias – Coletâneas I. Título.

09-00779   CDD-869.9108

Índices para catálogo sistemático:
1. Antologia : Poesia : Literatura brasileira   869.9108
2. Poesia : Antologia : Literatura brasileira   869.9108

2014

Todos os direitos desta edição reservados à
EDITORA SCHWARCZ S.A.
Rua Bandeira Paulista, 702, cj. 32
04532-002 — São Paulo — SP
Telefone: (11) 3707-3500
Fax: (11) 3707-3501
www.companhiadasletras.com.br
www.blogdacompanhia.com.br

SUMÁRIO

ADVERTÊNCIA

Poderia este livro ser dividido em duas partes, correspondentes a dois períodos distintos na poesia do Autor.

A primeira, transcendental, frequentemente mística, resultante de sua fase cristã, termina com o poema "Ariana, a mulher", editado em 1936. Salvo aqui e ali umas emendas, a única alteração digna de nota nesta parte foi reduzir-se o poema "O cemitério na madrugada" às quatro estrofes iniciais, no que atendeu o A. a uma velha ideia de seu amigo Rodrigo M. F. de Andrade.

À segunda parte, que abre com o poema "O falso mendigo", o primeiro, ao que se lembra o A., escrito em oposição ao transcendentalismo anterior, pertencem algumas poesias do livro *Novos poemas*, também representado na outra fase, e os demais versos publicados posteriormente em livros, revistas e jornais. Nela estão nitidamente marcados os movimentos de aproximação do mundo material, com a difícil mas consistente repulsa ao idealismo dos primeiros anos.

De permeio foram colocadas as *Cinco elegias* (1943), como representativas do período de transição entre aquelas duas tendências contraditórias — livro, também, onde elas melhor se encontraram e fundiram em busca de uma sintaxe própria.

A presente edição, revista pelo A., foi acrescida de uma seleção dos *Novos poemas* (II), livro editado em 1959 e composto de poemas escritos entre 1949 e 1956, sendo que a maioria em Paris. Dela só não constam alguns poemas e séries de poemas de largo fôlego, em que vem o A. trabalhando sem pressa.

Não obstante certas disparidades, determinadas pela necessidade de demarcar bem as duas tendências referidas, impôs-se o critério cronológico para uma impressão verídica do que foi a luta mantida pelo A. contra si mesmo no sentido de uma libertação, hoje alcançada, dos preconceitos e enjoamentos de sua classe e do seu meio, os quais tanto, e tão inutilmente, lhe angustiaram a formação.

Rio, agosto de 1967
V. M.

NOTA EXPLICATIVA

A *Antologia poética* foi publicada em 1954 (sem o registro da data), no Rio de Janeiro, pela editora A Noite. Os poemas vinham antecedidos por uma breve "Advertência" (de Vinicius de Moraes, sem dúvida, muito embora sem assinatura), que exibia, ao fim, seu local e data: "Los Angeles, junho de 1949".

A segunda edição da *Antologia poética* apareceu em 1960, agora sob a chancela da Editora do Autor. Vinicius acrescentou--lhe quatorze poemas. A antiga "Advertência" ganhou, assim, o breve suplemento de um parágrafo, que registrava a incorporação dos textos.

Em 1967, a *Antologia poética* passou a ser publicada pela José Olympio. Não houve acréscimo ou supressão de poemas, mas a "Advertência" sofreu uma pequena alteração, exatamente no trecho acrescentado à segunda edição (a data que registrava esta última – "agosto de 1960" – foi substituída pela de "agosto de 1967").

A *Antologia poética* publicada nos anos 90 pela Companhia das Letras — na qual esta edição de bolso se baseia —, foi feita a partir da última edição, de 1967. Ou seja, caso algum leitor tenha a segunda edição corrigida e ampliada pelo autor em 1960, haverá uma pequena diferença no texto da advertência. No corpo do texto, há apenas uma alteração significativa: um dos poemas foi desmembrado em dois por Vinicius.

A pedido da família de Vinicius, em 2003 o antigo volume deu lugar à *Nova antologia poética* (org. de Antonio Cicero e Eucanaã Ferraz).

Os editores

O OLHAR PARA TRÁS

Nem surgisse um olhar de piedade ou de amor
Nem houvesse uma branca mão que apaziguasse minha fronte
[palpitante...
Eu estaria sempre como um círio queimando para o céu a minha
[fatalidade
Sobre o cadáver ainda morno desse passado adolescente.

Talvez no espaço perfeito aparecesse a visão nua
Ou talvez a porta do oratório se fosse abrindo misteriosamente...
Eu estaria esquecido, tateando suavemente a face do filho morto
Partido de dor, chorando sobre o seu corpo insepultável.

Talvez da carne do homem prostrado se visse sair uma sombra
[igual à minha
Que amasse as andorinhas, os seios virgens, os perfumes e os lí-
[rios da terra
Talvez... mas todas as visões estariam também em minhas lágri-
[mas boiando
E elas seriam como óleo santo e como pétalas se derramando
[sobre o nada.

Alguém gritaria longe: "Quantas rosas nos deu a primavera!..."
Eu olharia vagamente o jardim cheio de sol e de cores noivas se
[enlaçando
Talvez mesmo meu olhar seguisse da flor o voo rápido de um
[pássaro
Mas sob meus dedos vivos estaria a sua boca fria e os seus cabelos
[luminosos.

Rumores chegariam a mim, distintos como passos na madrugada
Uma voz cantou, foi a irmã, foi a irmã vestida de branco! — a sua
[voz é fresca como o orvalho...
Beijam-me a face — irmã vestida de azul, por que estás triste?
Deu-te a vida a velar um passado também?

Voltaria o silêncio — seria uma quietude de nave em Senhor
[Morto
Numa onda de dor eu tomaria a pobre face em minhas mãos
[angustiadas
Auscultaria o sopro, diria à toa — Escuta, acorda
Por que me deixaste assim sem me dizeres quem eu sou?

E o olhar estaria ansioso esperando
E a cabeça ao sabor da mágoa balançando
E o coração fugindo e o coração voltando
E os minutos passando e os minutos passando...

No entanto, dentro do sol a minha sombra se projeta
Sobre as casas avança o seu vago perfil tristonho
Anda, dilui-se, dobra-se nos degraus das altas escadas silenciosas
E morre quando o prazer pede a treva para a consumação da sua
[miséria.

É que ela vai sofrer o instante que me falta
Esse instante de amor, de sonho, de esquecimento
E quando chega, a horas mortas, deixa em meu ser uma braçada
[de lembranças
Que eu desfolho saudoso sobre o corpo embalsamado do eterno
[ausente.

Nem surgisse em minhas mãos a rósea ferida
Nem porejasse em minha pele o sangue da agonia...
Eu diria — Senhor, por que me escolheste a mim que sou escravo
Por que me chegaste a mim cheio de chagas?

Nem do meu vazio te criasses, anjo que eu sonhei de brancos
[seios
De branco ventre e de brancas pernas acordadas
Nem vibrasses no espaço em que te moldei perfeita...
Eu te diria — Por que vieste te dar ao já vendido?

Oh, estranho húmus deste ser inerme e que eu sinto latente
Escorre sobre mim como o luar nas fontes pobres
Embriaga o meu peito do teu bafo que é como o sândalo
Enche o meu espírito do teu sangue que é a própria vida!

Fora, um riso de criança — longínqua infância da hóstia consa-
[grada
Aqui estou ardendo a minha eternidade junto ao teu corpo frá-
[gil!
Eu sei que a morte abrirá no meu deserto fontes maravilhosas
E vozes que eu não sabia em mim lutarão contra a Voz.

Agora porém estou vivendo da tua chama como a cera
O infinito nada poderá contra mim porque de mim quer tudo
Ele ama no teu sereno cadáver o terrível cadáver que eu seria
O belo cadáver nu cheio de cicatriz e de úlceras.

Quem chamou por mim, tu, mãe? Teu filho sonha...
Lembras-te, mãe, a juventude, a grande praia enluarada...
Pensaste em mim, mãe? Oh, tudo é tão triste
A casa, o jardim, o teu olhar, o meu olhar, o olhar de Deus...

E sob a minha mão tenho a impressão da boca fria murmurando
Sinto-me cego e olho o céu e leio nos dedos a mágica lembrança
Passastes, estrelas... Voltais de novo arrastando brancos véus
Passastes, luas... Voltais de novo arrastando negros véus...

A UMA MULHER

Quando a madrugada entrou eu estendi o meu peito nu sobre o
[teu peito
Estavas trêmula e teu rosto pálido e tuas mãos frias
E a angústia do regresso morava já nos teus olhos.
Tive piedade do teu destino que era morrer no meu destino
Quis afastar por um segundo de ti o fardo da carne
Quis beijar-te num vago carinho agradecido.
Mas quando meus lábios tocaram teus lábios
Eu compreendi que a morte já estava no teu corpo
E que era preciso fugir para não perder o único instante
Em que foste realmente a ausência de sofrimento
Em que realmente foste a serenidade.

ILHA DO GOVERNADOR

Esse ruído dentro do mar invisível são barcos passando
Esse *ei-ou* que ficou nos meus ouvidos são os pescadores esque-
                                                                    [cidos
Eles vêm remando sob o peso de grandes mágoas
Vêm de longe e murmurando desaparecem no escuro quieto.
De onde chega essa voz que canta a juventude calma?
De onde sai esse som de piano antigo sonhando a "Berceuse"?
Por que vieram as grandes carroças entornando cal no barro mo-
                                                                    [lhado?

Os olhos de Susana eram doces mas Eli tinha seios bonitos
Eu sofria junto de Susana — ela era a contemplação das tardes
                                                                    [longas
Eli era o beijo ardente sobre a areia úmida.
Eu me admirava horas e horas no espelho.
Um dia mandei: "Susana, esquece-me, não sou digno de ti —
                                                                    [sempre teu..."
Depois, eu e Eli fomos andando... — ela tremia no meu braço
Eu tremia no braço dela, os seios dela tremiam
A noite tremia nos *ei-ou* dos pescadores...

Meus amigos se chamavam Mário e Quincas, eram humildes,
                                                                    [não sabiam
Com eles aprendi a rachar lenha e ir buscar conchas sonoras no
                                                                    [mar fundo
Comigo eles aprenderam a conquistar as jovens praianas tímidas
                                                                    [e risonhas.
Eu mostrava meus sonetos aos meus amigos — eles mostravam
                                                                    [os grandes olhos abertos

19

E gratos me traziam mangas maduras roubadas nos caminhos.
Um dia eu li Alexandre Dumas e esqueci os meus amigos.
Depois recebi um saco de mangas
Toda a afeição da ausência...

Como não lembrar essas noites cheias de mar batendo?
Como não lembrar Susana e Eli?
Como esquecer os amigos pobres?
Eles são essa memória que é sempre sofrimento
Vêm da noite inquieta que agora me cobre.
São o olhar de Clara e o beijo de Carmem
São os novos amigos, os que roubaram luz e me trouxeram.
Como esquecer isso que foi a primeira angústia
Se o murmúrio do mar está sempre nos meus ouvidos
Se o barco que eu não via é a vida passando
Se o *ei-ou* dos pescadores é o gemido de angústia de todas as
[noites?

AUSÊNCIA

Eu deixarei que morra em mim o desejo de amar os teu olhos que
[são doces
Porque nada te poderei dar senão a mágoa de me veres eterna-
[mente exausto.
No entanto a tua presença é qualquer coisa como a luz e a vida
E eu sinto que em meu gesto existe o teu gesto e em minha voz
[a tua voz.
Não te quero ter porque em meu ser tudo estaria terminado.
Quero só que surjas em mim como a fé nos desesperados
Para que eu possa levar uma gota de orvalho nesta terra amaldi-
[çoada
Que ficou sobre a minha carne como uma nódoa do passado.
Eu deixarei... tu irás e encostarás a tua face em outra face
Teus dedos enlaçarão outros dedos e tu desabrocharás para a ma-
[drugada
Mas tu não saberás que quem te colheu fui eu, porque eu fui o
[grande íntimo da noite
Porque eu encostei minha face na face da noite e ouvi a tua fala
[amorosa
Porque meus dedos enlaçaram os dedos da névoa suspensos no
[espaço
E eu trouxe até mim a misteriosa essência do teu abandono de-
[sordenado.
Eu ficarei só como os veleiros nos portos silenciosos.
Mas eu te possuirei mais que ninguém porque poderei partir
E todas as lamentações do mar, do vento, do céu, das aves, das
[estrelas
Serão a tua voz presente, a tua voz ausente, a tua voz sereni-
[zada.

O INCRIADO

Distantes estão os caminhos que vão para o Tempo — outro luar
[eu vi passar na altura
Nas plagas verdes as mesmas lamentações escuto como vindas da
[eterna espera
O vento ríspido agita sombras de araucárias em corpos nus uni-
[dos se amando
E no meu ser todas as agitações se anulam como as vozes dos
[campos moribundos.

Oh, de que serve ao amante o amor que não germinará na terra
[infecunda
De que serve o poeta desabrochar sobre o pântano e cantar pri-
[sioneiro?
Nada há a fazer pois que estão brotando crianças trágicas como
[cactos
Da semente má que a carne enlouquecida deixou nas matas silen-
[ciosas.

Nem plácidas visões restam aos olhos — só o passado surge se a
[dor surge
E o passado é como o último morto que é preciso esquecer para
[ter vida
Todas as meias-noites soam e o leito está deserto do corpo esten-
[dido
Nas ruas noturnas a alma passeia, desolada e só, em busca de
[Deus.

Eu sou como o velho barco que guarda no seu bojo o eterno
[ruído do mar batendo

No entanto, como está longe o mar como é dura a terra sob
[mim...
Felizes são os pássaros que chegam mais cedo que eu à suprema
[fraqueza
E que, voando, caem, pequenos e abençoados, nos parques onde
[a primavera é eterna.

Na memória cruel vinte anos seguem a vinte anos na única pai-
[sagem humana
Longe do homem os desertos continuam impassíveis diante da
[morte
Os trigais caminham para o lavrador e o suor para a terra
E dos velhos frutos caídos surgem árvores estranhamente calmas.

Ai, muito andei e em vão... rios enganosos conduziram meu cor-
[po a todas as idades
Na terra primeira ninguém conhecia o Senhor das bem-aventu-
[ranças...
Quando meu corpo precisou repousar, eu repousei, quando mi-
[nha boca ficou sedenta, eu bebi
Quando meu ser pediu a carne eu dei-lhe a carne mas eu me
[senti mendigo.

Longe está o espaço onde existem os grandes voos e onde a mú-
[sica vibra solta
A cidade deserta é o espaço onde o poeta sonha os grandes voos
[solitários
Mas quando o desespero vem e o poeta se sente morto para a
[noite
As entranhas das mulheres afogam o poeta e o entregam dor-
[mindo à madrugada.

Terrível é a dor que lança o poeta prisioneiro à suprema miséria
Terrível é o sono atormentado do homem que suou sacrilega-
[mente a carne

Mas boa é a companheira errante que traz o esquecimento de um
[minuto
Boa é a esquecida que dá o lábio morto ao beijo desesperado.

Onde os cantos longínquos do oceano?... Sobre a espessura verde
[eu me debruço e busco o infinito
Ao léu das ondas há cabeleiras abertas como flores — são jovens
[que o eterno amor surpreendeu
Nos bosques procuro a seiva úmida mas os troncos estão mor-
[rendo
No chão vejo magros corpos enlaçados de onde a poesia fugiu
[como o perfume da flor morta.

Muito forte sou para odiar nada senão a vida
Muito fraco sou para amar nada mais do que a vida
A gratuidade está no meu coração e a nostalgia dos dias me ani-
[quila
Porque eu nada serei como ódio e como amor se eu nada conto
[e nada valho.

Eu sou o Incriado de Deus, o que não teve a sua alma e seme-
[lhança
Eu sou o que surgiu da terra e a quem não coube outra dor senão
[a terra
Eu sou a carne louca que freme ante a adolescência impúbere e
[explode sobre a imagem criada
Eu sou o demônio do bem e o destinado do mal mas eu nada
[sou.

De nada vale ao homem a pura compreensão de todas as coisas
Se ele tem algemas que o impedem de levantar os braços para o
[alto
De nada valem ao homem os bons sentimentos se ele descansa
[nos sentimentos maus
No teu puríssimo regaço eu nunca estarei, Senhora...

Choram as árvores na espantosa noite, curvadas sobre mim, me
[olhando...
Eu caminhando... Sobre o meu corpo as árvores passando...
Quem morreu se estou vivo, por que choram as árvores?
Dentro de mim tudo está imóvel, mas eu estou vivo, eu sei que
[estou vivo porque sofro.

Se alguém não devia sofrer eu não devia, mas sofro e é tudo o
[mesmo
Eu tenho o desvelo e a bênção, mas sofro como um desesperado
[e nada posso
Sofro a pureza impossível, sofro o amor pequenino dos olhos e
[das mãos
Sofro porque a náusea dos seios gastos está amargurando a minha
[boca.

Não quero a esposa que eu violaria nem o filho que ergueria a
[mão sobre o meu rosto
Nada quero porque eu deixo traços de lágrimas por onde passo
Quisera apenas que todos me desprezassem pela minha fraqueza
Mas, pelo amor de Deus, não me deixeis nunca sozinho!

Às vezes por um segundo a alma acorda para um grande êxtase
[sereno
Num sopro de suspensão a beleza passa e beija a fronte do homem
[parado
E então o poeta surge e do seu peito se ouve uma voz maravi-
[lhosa
Que palpita no ar fremente e envolve todos os gritos num só
[grito.

Mas depois, quando o poeta foge e o homem volta como de um
[sonho
E sente sobre a sua boca um riso que ele desconhece
A cólera penetra em seu coração e ele renega a poesia

Que veio trazer de volta o princípio de todo o caminho percor-
[rido.

Todos os momentos estão passando e todos os momentos estão
[sendo vividos
A essência das rosas invade o peito do homem e ele se apazigua
[no perfume
Mas se um pinheiro uiva no vento o coração do homem cerra-se
[de inquietude
No entanto, ele dormirá ao lado dos pinheiros uivando e das ro-
[sas recendendo.

Eu sou o Incriado de Deus, o que não pode fugir à carne e à
[memória
Eu sou como o velho barco longe do mar, cheio de lamentações
[no vazio do bojo
No meu ser todas as agitações se anulam — nada permanece para
[a vida
Só eu permaneço parado dentro do tempo passado, passando,
[passando...

A VOLTA DA MULHER MORENA

Meus amigos, meus irmãos, cegai os olhos da mulher morena
Que os olhos da mulher morena estão me envolvendo
E estão me despertando de noite.
Meus amigos, meus irmãos, cortai os lábios da mulher morena
Eles são maduros e úmidos e inquietos
E sabem tirar a volúpia de todos os frios.
Meus amigos, meus irmãos, e vós que amais a poesia da minha
[alma
Cortai os peitos da mulher morena
Que os peitos da mulher morena sufocam o meu sono
E trazem cores tristes para os meus olhos.
Jovem camponesa que me namoras quando eu passo nas tardes
Traze-me para o contato casto de tuas vestes
Salva-me dos braços da mulher morena
Eles são lassos, ficam estendidos imóveis ao longo de mim
São como raízes recendendo resina fresca
São como dois silêncios que me paralisam.
Aventureira do Rio da Vida, compra o meu corpo da mulher
[morena
Livra-me do seu ventre como a campina matinal
Livra-me do seu dorso como a água escorrendo fria.
Branca avozinha dos caminhos, reza para ir embora a mulher
[morena
Reza para murcharem as pernas da mulher morena
Reza para a velhice roer dentro da mulher morena
Que a mulher morena está encurvando os meus ombros
E está trazendo tosse má para o meu peito.
Meus amigos, meus irmãos, e vós todos que guardais ainda meus
[últimos cantos
Dai morte cruel à mulher morena!

A MULHER NA NOITE

Eu fiquei imóvel e no escuro tu vieste.
A chuva batia nas vidraças e escorria nas calhas — vinhas andando
[e eu não te via
Contudo a volúpia entrou em mim e ulcerou a treva nos meus
[olhos.
Eu estava imóvel — tu caminhavas para mim como um pinheiro
[erguido
E de repente, não sei, me vi acorrentado no descampado, no meio
[de insetos
E as formigas me passeavam pelo corpo úmido.
Do teu corpo balouçante saíam cobras que se eriçavam sobre o
[meu peito
E muito ao longe me parecia ouvir uivos de lobas.
E então a aragem começou a descer e me arrepiou os nervos
E os insetos se ocultavam nos meus ouvidos e zunzunavam sobre
[os meus lábios.
Eu queria me levantar porque grandes reses me lambiam o rosto
E cabras cheirando forte urinavam sobre as minhas pernas.
Uma angústia de morte começou a se apossar do meu ser
As formigas iam e vinham, os insetos procriavam e zumbiam do
[meu desespero
E eu comecei a sufocar sob a rês que me lambia.
Nesse momento as cobras apertaram o meu pescoço
E a chuva despejou sobre mim torrentes amargas.

Eu me levantei e comecei a chegar, me parecia vir de longe
E não havia mais vida na minha frente.

AGONIA

No teu grande corpo branco depois eu fiquei.
Tinhas os olhos lívidos e tive medo.
Já não havia sombra em ti — eras como um grande deserto de
                                                    [areia
Onde eu houvesse tombado após uma longa caminhada sem
                                                    [noites.
Na minha angústia eu buscava a paisagem calma
Que me havias dado tanto tempo
Mas tudo era estéril e monstruoso e sem vida
E teus seios eram dunas desfeitas pelo vendaval que passara.
Eu estremecia agonizando e procurava me erguer
Mas teu ventre era como areia movediça para os meus dedos.
Procurei ficar imóvel e orar, mas fui me afogando em ti mesma
Desaparecendo no teu ser disperso que se contraía como a vo-
                                                    [ragem.

Depois foi o sono, o escuro, a morte.

Quando despertei era claro e eu tinha brotado novamente
Vinha cheio do pavor das tuas entranhas.

A LEGIÃO DOS ÚRIAS

Quando a meia-noite surge nas estradas vertiginosas das monta-
[nhas
Uns após outros, beirando os grotões enluarados sobre cavalos
[lívidos
Passam olhos brilhantes de rostos invisíveis na noite
Que fixam o vento gelado sem estremecimento.

São os prisioneiros da Lua. Às vezes, se a tempestade
Apaga no céu a languidez imóvel da grande princesa
Dizem os camponeses ouvir os uivos tétricos e distantes
Dos Cavaleiros Úrias que pingam sangue das partes amaldiçoa-
[das.

São os escravos da Lua. Vieram também de ventres brancos e
[puros
Tiveram também olhos azuis e cachos louros sobre a fronte...
Mas um dia a grande princesa os fez enlouquecidos, e eles foram
[escurecendo
Em muitos ventres que eram também brancos mas que eram
[impuros.

E desde então nas noites claras eles aparecem
Sobre cavalos lívidos que conhecem todos os caminhos
E vão pelas fazendas arrancando o sexo das meninas e das mães
[sozinhas
E das éguas e das vacas que dormem afastadas dos machos fortes.

Aos olhos das velhas paralíticas murchadas que esperam a morte
[noturna

Eles descobrem solenemente as netas e as filhas deliquescentes
E com garras fortes arrancam do último pano os nervos flácidos
[e abertos
Que em suas unhas agudas vivem ainda longas palpitações de
[sangue.

Depois amontoam a presa sangrenta sob a luz pálida da deusa
E acendem fogueiras brancas de onde se erguem chamas desco-
[nhecidas e fumos
Que vão ferir as narinas trêmulas dos adolescentes adormecidos
Que acordam inquietos nas cidades sentindo náuseas e convul-
[sões mornas.

E então, após colherem as vibrações de leitos fremindo distantes
E os rinchos de animais seminando no solo endurecido
Eles erguem cantos à grande princesa crispada no alto
E voltam silenciosos para as regiões selvagens onde vagam.

Volta a Legião dos Úrias pelos caminhos enluarados
Uns após outros, somente os olhos, negros sobre cavalos lívidos
Deles foge o abutre que conhece todas as carniças
E a hiena que já provou de todos os cadáveres.

São eles que deixam dentro do espaço emocionado
O estranho fluido todo feito de plácidas lembranças
Que traz às donzelas imagens suaves de outras donzelas
E traz aos meninos figuras formosas de outros meninos.

São eles que fazem penetrar nos lares adormecidos
Onde o novilúnio tomba como um olhar desatinado
O incenso perturbador das rubras vísceras queimadas
Que traz à irmã o corpo mais forte da outra irmã.

São eles que abrem os olhos inexperientes e inquietos
Das crianças apenas lançadas no regaço do mundo

Para o sangue misterioso esquecido em panos amontoados
Onde ainda brilha o rubro olhar implacável da grande princesa.

Não há anátema para a Legião dos Cavaleiros Úrias
Passa o inevitável onde passam os Cavaleiros Úrias
Por que a fatalidade dos Cavaleiros Úrias?
Por que, por que os Cavaleiros Úrias?

Oh, se a tempestade boiasse eternamente no céu trágico
Oh, se fossem apagados os raios da louca estéril
Oh, se o sangue pingado do desespero dos Cavaleiros Úrias
Afogasse toda a região amaldiçoada!

Seria talvez belo — seria apenas o sofrimento do amor puro
Seria o pranto correndo dos olhos de todos os jovens
Mas a Legião dos Úrias está espiando a altura imóvel
Fechai as portas, fechai as janelas, fechai-vos meninas!

Eles virão, uns após outros, os olhos brilhando no escuro
Fixando a lua gelada sem estremecimento
Chegarão os Úrias, beirando os grotões enluarados sobre cavalos
[lívidos
Quando a meia-noite surgir nas estradas vertiginosas das mon-
[tanhas.

ALBA

Alba, no canteiro dos lírios estão caídas as pétalas de uma rosa
[cor de sangue
Que tristeza esta vida, minha amiga...
Lembras-te, quando vínhamos na tarde roxa e eles jaziam puros
E houve um grande amor no nosso coração pela morte distante?
Ontem, Alba, sofri porque vi subitamente a nódoa rubra entre a
[carne pálida ferida
Eu vinha passando tão calmo, Alba, tão longe da angústia, tão
[suavizado
Quando a visão daquela flor gloriosa matando a serenidade dos
[lírios entrou em mim
E eu senti correr em meu corpo palpitações desordenadas de lu-
[xúria.
Eu sofri, minha amiga, porque aquela rosa me trouxe a lem-
[brança do teu sexo que eu não via
Sob a lívida pureza da tua pele aveludada e calma
Eu sofri porque de repente senti o vento e vi que estava nu e
[ardente
E porque era teu corpo dormindo que existia diante de meus
[olhos.
Como poderias me perdoar, minha amiga, se soubesses que me
[aproximei da flor como um perdido
E a tive desfolhada entre minhas mãos nervosas e senti escorrer
[de mim o sêmen da minha volúpia?
Ela está lá, Alba, sobre o canteiro dos lírios, desfeita e cor de
[sangue
Que destino nas coisas, minha amiga!
Lembras-te, quando eram só os lírios, altos e puros?
Hoje eles continuam misteriosamente vivendo, altos e trêmulos

Mas a pureza fugiu dos lírios como o último suspiro dos mori-
[bundos
Ficaram apenas as pétalas da rosa, vivas e rubras como a tua lem-
[brança
Ficou o vento que soprou nas minhas faces e a terra que eu segu-
[rei nas minhas mãos.

O ESCRAVO

J'ai plus de souvenirs que si j'avais mille ans.
Baudelaire

A grande Morte que cada um traz em si.
Rilke

Quando a tarde veio o vento veio e eu segui levado como uma
[folha
E aos poucos fui desaparecendo na vegetação alta de antigos
[campos de batalha
Onde tudo era estranho e silencioso como um gemido.
Corri na sombra espessa longas horas e nada encontrava
Em torno a mim tudo era desespero de espadas estorcidas se des-
[vencilhando
Eu abria caminho sufocado mas a massa me confundia e se aper-
[tava impedindo meus passos
E me prendia as mãos e me cegava os olhos apavorados.
Quis lutar pela minha vida e procurei romper a extensão em luta
Mas nesse momento tudo se virou contra mim e eu fui batido
Fui ficando nodoso e áspero e começou a escorrer resina do meu
[suor
E as folhas se enrolavam no meu corpo para me embalsamar.
Gritei, ergui os braços, mas eu já era outra vida que não a minha
E logo tudo foi hirto e magro em mim e longe uma estranha lita-
[nia me fascinava.
Houve uma grande esperança nos meus olhos sem luz
Quis avançar sobre os tentáculos das raízes que eram meus pés
Mas o vale desceu e eu rolei pelo chão, vendo o céu, vendo o
[chão, vendo o céu, vendo o chão
Até que me perdi num grande país cheio de sombras altas se
[movendo...

Aqui é o misterioso reino dos ciprestes...

Aqui eu estou parado, preso à terra, escravo dos grandes prínci-
[pes loucos.
Aqui vejo coisas que mente humana jamais viu
Aqui sofro frio que corpo humano jamais sentiu.
É este o misterioso reino dos ciprestes
Que aprisionam os cravos lívidos e os lírios pálidos dos túmulos
E quietos se reverenciam gravemente como uma corte de almas
[mortas.
Meu ser vê, meus olhos sentem, minha alma escuta
A conversa do meu destino nos gestos lentos dos gigantes incons-
[cientes
Cuja ira desfolha campos de rosas num sopro trêmulo...
Aqui estou eu pequenino como um musgo mas meu pavor é
[grande e não conhece luz
É um pavor que atravessa a distância de toda a minha vida.

É este o feudo da morte implacável...
Vede — reis, príncipes, duques, cortesãos, carrascos do grande
[país sem mulheres
São seus míseros servos a terra que me aprisionou nas suas en-
[tranhas
O vento que a seu mando entorna da boca dos lírios o orvalho
[que rega o seu solo
A noite que os aproxima no baile macabro das reverências fantás-
[ticas
E os mochos que entoam lúgubres cantochões ao tempo inaca-
[bado...
É aí que estou prisioneiro entre milhões de prisioneiros
Pequeno arbusto esgalhado que não dorme e que não vive
À espera da minha vez que virá sem objeto e sem distância.

É aí que estou acorrentado por mim mesmo à terra que sou eu
[mesmo
Pequeno ser imóvel a quem foi dado o desespero
Vendo passar a imensa noite que traz o vento no seu seio

Vendo passar o vento que entorna o orvalho que a aurora despeja
[na boca dos lírios
Vendo passar os lírios cujo destino é entornar o orvalho na poeira
[da terra que o vento espalha
Vendo passar a poeira da terra que o vento espalha e cujo destino
[é o meu, o meu destino
Pequeno arbusto parado, poeira da terra preso à poeira da terra,
[pobre escravo dos príncipes loucos.

A MÚSICA DAS ALMAS

Le mal est dans le monde comme un esclave qui monte l'eau.
Claudel

Na manhã infinita as nuvens surgiram como a loucura numa
[alma
E o vento como o instinto desceu os braços das árvores que es-
[trangularam a terra...

Depois veio a claridade, o grande céu, a paz dos campos...
Mas nos caminhos todos choravam com os rostos levados para o
[alto
Porque a vida tinha misteriosamente passado na tormenta.

TRÊS RESPOSTAS EM FACE DE DEUS

Familles, je vous hais! foyers clos; portes
renfermées; possessions jalouses du bonheur.
A. Gide

C'est l'ami ni ardent ni faible. L'ami.
Rimbaud

... o Femme, monceau d'entrailles, pitié douce
Tu n'est jamais la souer de charité, jamais!
Rimbaud

Sim, vós sois... (eu deveria ajoelhar dizendo os vossos nomes!)
E sem vós quem se mataria no presságio de alguma madrugada?
À vossa mesa irei murchando para que o vosso vinho vá bebendo
De minha poesia farei música para que não mais vos firam os
[seus acentos dolorosos
Livres as mãos e serei Tântalo — mas o suplício da sede vós o
[vereis apenas nos meus olhos
Que adormeceram nas visões das auroras geladas onde o sol de
[sangue não caminha...

E vós!... (Oh, o fervor de dizer os vossos nomes angustiados!)
Deixai correr o vosso sangue eterno sobre as minhas lágrimas de
[ouro!
Vós sois o espírito, a alma, a inteligência das coisas criadas
E a vós eu não rirei — rir é atormentar a tragédia interior que
[ama o silêncio
Convosco e contra vós eu vagarei em todos os desertos
E a mesma águia se alimentará das nossas entranhas tormentosas.

E vós, serenos anjos... (eu deveria morrer dizendo os vossos
[nomes!)
Vós cujos pequenos seios se iluminavam misteriosamente à mi-
[nha presença silenciosa!

Vossa lembrança é como a vida que não abandona o espírito no
[sono
Vós fostes para mim o grande encontro...
E vós também, ó árvores de desejo! Vós, a jetatura de Deus en-
[louquecido
Vós sereis o demônio em todas as idades.

POEMA Nº TRÊS EM BUSCA DA ESSÊNCIA

Do amor como do fruto. (Sonhos dolorosos das ermas madruga-
                                          das acordando...)
Nas savanas a visão dos cactos parados à sombra dos escravos —
                              [as negras mãos no ventre luminoso das jazidas
Do amor como do fruto. (A alma dos sons nos algodoais das ve-
                                          [lhas landes...)
Êxtases da terra às manadas de búfalos passando — ecos vertigi-
                                          [nosos das quebradas azuis
O Mighty Lord!
Os rios, os pinheiros e a luz no olhar dos cães — as raposas bran-
                                          [cas no olhar dos caçadores
Lobos uivando, Yukon! Yukon! Yukon! (Casebres nascendo das
                                          [montanhas paralisadas...)
Do amor como da serenidade. Saudade dos vulcões nas lavas de
                                          [neve descendo os abismos
Cantos frios de pássaros desconhecidos. (Arco-íris como pórti-
                                          [cos de eternidade...)
Do amor como da serenidade. Nas planícies infinitas o espírito
                                          [nas asas do vento
O Lord of Peace!

Do amor como da morte. (Ilhas de gelo ao sabor das corren-
                                          [tes...)
Ursas surgindo da aurora boreal como almas gigantescas do gran-
                                          [de-silêncio-branco
Do amor como da morte. (Gotas de sangue sobre a neve...)
A vida das focas continuamente se arrastando para o não-sei-
                                          [-onde
— cadáveres eternos de heróis longínquos
O Lord of Death!

O POETA

Quantos somos, não sei... Somos um, talvez dois; três, talvez
[quatro; cinco, talvez nada
Talvez a multiplicação de cinco em cinco mil e cujos restos en-
[cheriam doze Terras
Quantos, não sei... Só sei que somos muitos — o desespero da
[dízima infinita
E que somos belos como deuses mas somos trágicos.

Viemos de longe... Quem sabe no sono de Deus tenhamos apa-
[recido como espectros
Da boca ardente dos vulcões ou da órbita cega dos lagos desapa-
[recidos
Quem sabe tenhamos germinado misteriosamente do solo cau-
[terizado das batalhas
Ou do ventre das baleias quem sabe tenhamos surgido?

Viemos de longe — trazemos em nós o orgulho do anjo rebe-
[lado
Do que criou e fez nascer o fogo da ilimitada e altíssima miseri-
[córdia
Trazemos em nós o orgulho de sermos úlceras no eterno corpo
[de Jó
E não púrpura e ouro no corpo efêmero de Faraó.

Nascemos da fonte e viemos puros porque herdeiros do sangue
E também disformes porque — ai dos escravos! não há beleza
[nas origens
Voávamos — Deus dera a asa do bem e a asa do mal às nossas
[formas impalpáveis

Recolhendo a alma das coisas para o castigo e para a perfeição na
[vida eterna.

Nascemos da fonte e dentro das eras vagamos como sementes
[invisíveis o coração dos mundos e dos homens
Deixando atrás de nós o espaço como a memória latente da nossa
[vida anterior
Porque o espaço é o tempo morto — e o espaço é a memória do
[poeta
Como o tempo vivo é a memória do homem sobre a Terra.

Foi muito antes dos pássaros — apenas rolavam na esfera os can-
[tos de Deus
E apenas a sua sombra imensa cruzava o ar como um farol aluci-
[nado...
Existíamos já... No caos de Deus girávamos como o pó prisio-
[neiro da vertigem
Mas de onde viéramos nós e por que privilégio recebido?

E enquanto o eterno tirava da música vazia a harmonia criadora
E da harmonia criadora a ordem dos seres e da ordem dos seres
[o amor
E do amor a morte e da morte o tempo e do tempo o sofri-
[mento
E do sofrimento a contemplação e da contemplação a serenidade
[imperecível.

Nós percorríamos como estranhas larvas a forma patética dos
[astros
A tudo assistindo e tudo ouvindo e tudo guardando eterna-
[mente
Como, não sei... Éramos a primeira manifestação da divindade
Éramos o primeiro ovo se fecundando à cálida centelha.

Vivemos o inconsciente das idades nos braços palpitantes dos
[ciclones

E as germinações da carne no dorso descarnado dos luares
Assistimos ao mistério da revelação dos Trópicos e dos Signos
E a espantosa encantação dos eclipses e das esfinges.

Descemos longamente o espelho contemplativo das águas dos
[rios do Éden
E vimos, entre os animais, o homem possuir doidamente a fêmea
[sobre a relva
Seguimos... E quando o decurião feriu o peito de Deus crucifi-
[cado
Como borboletas de sangue brotamos da carne aberta e para o
[amor celestial voamos.

Quantos somos, não sei... Somos um, talvez dois; três, talvez
[quatro; cinco, talvez nada
Talvez a multiplicação de cinco em cinco mil e cujos restos
[encheriam doze Terras
Quantos, não sei... Somos a constelação perdida que caminha
[largando estrelas
Somos a estrela perdida que caminha desfeita em luz.

O NASCIMENTO DO HOMEM

I

E uma vez, quando ajoelhados assistíamos à dança nua das au-
[roras
Surgiu do céu parado como uma visão de alta serenidade
Uma branca mulher de cujo sexo a luz jorrava em ondas
E de cujos seios corria um doce leite ignorado.

Oh, como ela era bela! era impura — mas como ela era bela!
Era como um canto ou como uma flor brotando ou como um
[cisne
Tinha um sorriso de praia em madrugada e um olhar esvane-
[cente
E uma cabeleira de luz como uma cachoeira em plenilúnio.

Vinha dela uma fala de amor irresistível
Um chamado como uma canção noturna na distância
Um calor de corpo dormindo e um abandono de onda descendo
Uma sedução de vela fugindo ou de garça voando.

E a ela fomos e a ela nos misturamos e a tivemos...
Em véus de neblina fugiam as auroras nos braços do vento
Mas que nos importava se também ela nos carregava nos seus
[braços
E se o seu leite sobre nós escorria e pelo céu?

Ela nos acolheu, estranhos parasitas, pelo seu corpo desnudado
E nós a amamos e defendemos e nós no ventre a fecundamos
Dormíamos sobre os seus seios apojados ao clarão das tormentas
E desejávamos ser astros para inda melhor compreendê-la.

Uma noite o horrível sonho desceu sobre as nossas almas sosse-
[gadas
A amada ia ficando gelada e silenciosa — luzes morriam nos seus
[olhos...
Do seu peito corria o leite frio e ao nosso amor desacordada
Subiu mais alto e mais além, morta dentro do espaço.

Muito tempo choramos e as nossas lágrimas inundaram a Terra
Mas morre toda a dor ante a visão dolorosa da beleza
Ao vulto da manhã sonhamos a paz e a desejamos
Sonhamos a grande viagem através da serenidade das crateras.

Mas quando as nossas asas vibraram no ar dormente
Sentimos a prisão nebulosa de leite envolvendo as nossas espécies
A Via Láctea — o rio da paixão correndo sobre a pureza das es-
[trelas
A linfa dos peitos da amada que um dia morreu.

Maldito o que bebeu o leite dos seios da virgem que não era mãe
[mas era amante
Maldito o que se banhou na luz que não era pura mas ardente
Maldito o que se demorou na contemplação do sexo que não era
[calmo mas amargo
O que beijou os lábios que eram como a ferida dando sangue!

E nós ali ficamos, batendo as asas libertas, escravos do misterioso
[plasma
Metade anjo, metade demônio, cheios da euforia do vento e da
[doçura do cárcere remoto
Debruçados sobre a Terra, mostrando a maravilhosa essência da
[nossa vida
Lírios, já agora turvos lírios das campas, nascidos da face lívida
[da morte.

II

Mas vai que havia por esse tempo nas tribos da Terra
Estranhas mulheres de olhos parados e longas vestes nazarenas
Que tinham o plácido amor nos gestos tristes e serenos
E o divino desejo nos frios lábios anelantes.

E quando as noites estelares fremiam nos campos sem lua
E a Via Láctea como uma visão de lágrimas surgia
Elas beijavam de leve a face do homem dormindo no feno
E saíam dos casebres ocultos, pelas estradas murmurantes.

E no momento em que a planície escura beijava os dois longín-
                                    [quos horizontes
E o céu se derramava iluminadamente sobre a várzea
Iam as mulheres e se deitavam no chão paralisadas
As brancas túnicas abertas e o branco ventre desnudado.

E pela noite adentro elas ficavam, descobertas
O amante olhar boiando sobre a grande plantação de estrelas
No desejo sem fim dos pequenos seres de luz alcandorados
Que palpitavam na distância numa promessa de beleza.

E tão maternalmente os desejavam e tão na alma os possuíam
Que às vezes desgravitados uns despenhavam-se no espaço
E vertiginosamente caíam numa chuva de fogo e de fulgores
Pelo misterioso tropismo subitamente carregados.

Nesse instante, ao delíquio de amor das destinadas
Num milagre de unção, delas se projetava à altura
Como um cogumelo gigantesco um grande útero fremente
Que ao céu colhia a estrela e ao ventre retornava.

E assim pelo ciclo negro da pálida esfera através do tempo
Ao clarão imortal dos pássaros de fogo cruzando o céu noturno

As mulheres, aos gritos agudos da carne rompida de dentro
Iam se fecundando ao amor puríssimo do espaço.

E às cores da manhã elas voltavam vagarosas
Pelas estradas frescas, através dos vastos bosques de pinheiros
E ao chegar, no feno onde o homem sereno inda dormia
Em preces rituais e cantos místicos velavam.

Um dia mordiam-lhes o ventre, nas entranhas — entre raios de
                                         [sol vinha a tormenta...
Sofriam... e ao estridor dos elementos confundidos
Deitavam à terra o fruto maldito de cuja face transtornada
As primeiras e mais tristes lágrimas desciam.

Tinha nascido o poeta. Sua face é bela, seu coração é trágico
Seu destino é atroz; ao triste materno beijo mudo e ausente
Ele parte! Busca ainda as viagens eternas da origem
Sonha ainda a música um dia ouvida em sua essência.

VIAGEM À SOMBRA

Tua casa sozinha — lassidão infinita dos devaneios, dos segredos. Frocos verdes de perfume sobre a malva penumbra (e a tua carne em pianissimo, grande gata branca de fala moribunda) e o fumo branco da cidade inatingível, e o fumo branco, e a tua boca áspera, onde há dentes de inocência ainda.

És, de qualquer modo, a Mulher. Há teu ventre que se cobre, invisível, de odor marítimo dos brigues selvagens que eu não tive; há teus olhos mansos de louca, ó louca! e há tua face obscura, dolorosa, talhada na pedra que quis falar. Nos teus seios de juventude, o ruído misterioso dos duendes ordenhando o leite pálido da tristeza do desejo.

E na espera da música, o vaivém infantil dos gestos solenes de magia. Sim, é dança! — o colo que aflora oferecido é a melodiosa recusa das mãos, a anca que irrompe à carícia é o ungido pudor dos olhos, há um sorriso de infinita graça, também, frio sobre os lábios que se consomem. Ah! onde o mar e as trágicas aves da tempestade, para ser tansportado, a face pousada sobre o abismo?

Que se abram as portas, que se abram as janelas e se afastem as coisas aos ventos. Se alguém me pôs nas mãos este chicote de aço, eu te castigarei, fêmea! — Vem, pousa-te aqui? Adormece tuas íris de ágata, dança! — teu corpo barroco em bolero e rumba. — Mais! — dança! dança! — canta, rouxinol! (Oh, tuas coxas são pântanos de cal viva, misteriosas como a carne dos batráquios...)

Tu que só és o balbucio, o voto, a súplica — oh mulher, anjo, cadáver da minha angústia! — sê minha! minha! minha! no ermo deste momento, no momento desta sombra, na sombra desta agonia — minha — minha — minha — oh mulher, garça mansa, resto orvalhado de nuvem...

Pudesse passar o tempo e tu restares horizontalmente, fraco animal, as pernas atiradas à dor da monstruosa gestação! Eu te fecundaria com um simples pensamento de amor, ai de mim!

Mas ficarás com teu destino.

BALADA FEROZ

Canta uma esperança desatinada para que se enfureçam silencio-
[samente os cadáveres dos afogados
Canta para que grasne sarcasticamente o corvo que tens pousado
[sobre a tua omoplata atlética
Canta como um louco enquanto os teus pés vão penetrando a
[massa sequiosa de lesmas
Canta! para esse formoso pássaro azul que ainda uma vez sujaria
[sobre o teu êxtase.

Arranca do mais fundo a tua pureza e lança-a sobre o corpo fel-
[pudo das aranhas
Ri dos touros selvagens carregando nos chifres virgens nuas para
[o estupro nas montanhas
Pula sobre o leito cru dos sádicos, dos histéricos, dos masturba-
[dos e dança!
Dança para a lua que está escorrendo lentamente pelo ventre das
[menstruadas.

Lança o teu poema inocente sobre o rio venéreo engolindo as
[cidades
Sobre os casebres onde os escorpiões se matam à visão dos amo-
[res miseráveis
Deita a tua alma sobre a podridão das latrinas e das fossas
Por onde passou a miséria da condição dos escravos e dos
[gênios.

Dança, ó desvairado! Dança pelos campos aos rinchos dolorosos
[das éguas parindo
Mergulha a algidez deste lago onde os nenúfares apodrecem e
[onde a água floresce em miasmas

Fende o fundo viscoso e espreme com tuas fortes mãos a carne
[flácida das medusas
E com teu sorriso inexcedível surge como um deus amarelo da
[imunda pomada.

Amarra-te aos pés das garças e solta-as para que te levem
E quando a decomposição dos campos de guerra te ferir as nari-
[nas, lança-te sobre a cidade mortuária
Cava a terra por entre as tumefações e se encontrares um velho
[canhão soterrado, volta
E vem atirar sobre as borboletas cintilando cores que comem as
[fezes verdes das estradas.

Salta como um fauno puro ou como um sapo de ouro por entre
[os raios do sol frenético
Faz rugir com o teu calão o eco dos vales e das montanhas
Mija sobre o lugar dos mendigos nas escadarias sórdidas dos
[templos
E escarra sobre todos os que se proclamarem miseráveis.

Canta! canta demais! Nada há como o amor para matar a vida
Amor que é bem o amor da inocência primeira!
Canta! — o coração da Donzela ficará queimando eternamente a
[cinza morta
Para o horror dos monges, dos cortesãos, das prostitutas e dos
[pederastas.

Transforma-te por um segundo num mosquito gigante e passeia
[de noite sobre as grandes cidades
Espalhando o terror por onde quer que pousem tuas antenas
[impalpáveis
Suga aos cínicos o cinismo, aos covardes o medo, aos avaros o
[ouro
E para que apodreçam como porcos, injeta-os de pureza!

E com todo esse pus, faz um poema puro

E deixa-o ir, armado cavaleiro, pela vida
E ri e canta dos que pasmados o abrigarem
E dos que por medo dele te derem em troca a mulher e o pão.

Canta! canta, porque cantar é a missão do poeta
E dança, porque dançar é o destino da pureza
Faz para os cemitérios e para os lares o teu grande gesto obs-
[ceno
Carne morta ou carne viva — toma! Agora falo eu que sou um!

INVOCAÇÃO À MULHER ÚNICA

Tu, pássaro — mulher de leite! Tu que carregas as lívidas glându-
[las do amor acima do sexo infinito
Tu, que perpetuas o desespero humano — alma desolada da noite
[sobre o frio das águas — tu
Tédio escuro, mal da vida — fonte! jamais... jamais... (que o poe-
[ma receba as minhas lágrimas!...)
Dei-te um mistério: um ídolo, uma catedral, uma prece são me-
[nos reais que três partes sangren-
[tas do meu coração em martírio
E hoje meu corpo nu estilhaça os espelhos e o mal está em mim
[e a minha carne é aguda
E eu trago crucificadas mil mulheres cuja santidade dependeria
[apenas de um gesto teu sobre o es-
[paço em harmonia.
Pobre eu! sinto-me tão tu mesma, meu belo cisne, minha bela,
[bela graça, fêmea
Feita de diamantes e cuja postura lembra um templo adormecido
[numa velha madrugada de lua...
A minha ascendência de heróis: assassinos, ladrões, estupradores,
[onanistas — negações do bem: o
[Antigo Testamento! — a minha
[descendência
De poetas: puros, selvagens, líricos, inocentes: o Novo Testa-
[mento — afirmações do bem: dú-
[vida
(Dúvida mais fácil que a fé, mais transigente que a esperança,
[mais oportuna que a caridade
Dúvida, madrasta do gênio) — tudo, tudo se esboroa ante a visão
[do teu ventre púbere, alma do Pai,

[coração do filho, carne do Santo
[Espírito, amém!
Tu, criança! cujo olhar faz crescer os brotos dos sulcos da terra —
[perpetuação do êxtase
Criatura, mais que nenhuma outra, porque nasceste fecunda
[pelos astros — mulher! tu que dei-
[tas o teu sangue
Quando os lobos uivam e as sereias desacordadas se amontoam
[pelas praias — mulher!
Mulher que eu amo, criança que eu amo, ser ignorado, essência
[perdida num ar de inverno...
Não me deixes morrer!... eu, homem — fruto da terra — eu, ho-
[mem — fruto do pensamento —
[eu, homem — fruto da carne
Eu que carrego o peso da tara e me rejubilo, eu que carrego os
[sinos do sêmen que se rejubilam à
[carne
Eu que sou um grito perdido no primeiro vazio à procura de um
[Deus que é o vazio ele mesmo!
Não me deixes partir... — as viagens remontam à vida!... e por-
[que eu partiria se és a vida, se há
[em ti a viagem muito pura
A viagem do amor que não volta, a que me faz sonhar do mais
[fundo da minha poesia
Com uma grande extensão de corpo e alma — uma montanha
[imensa e desdobrada — por onde
[eu iria caminhando
Até o âmago e iria e beberia da fonte mais doce e me enlangues-
[ceria e dormiria eternamente co-
[mo uma múmia egípcia
No invólucro da Natureza que és tu mesma, coberto da tua pele
[que é a minha própria — oh mu-
[lher, espécie adorável da poesia
[eterna!

A MÁSCARA DA NOITE

Sim, essa tarde conhece todos os meus pensamentos
Todos os meus segredos e todos os meus patéticos anseios
Sob esse céu como uma visão azul de incenso
As estrelas são perfumes passados que me chegam...

Sim! essa tarde que eu não conheço é uma mulher que me
[chama
E eis que é uma cidade apenas, uma cidade dourada de astros
Aves, folhas silenciosas, sons perdidos em cores
Nuvens como velas abertas para o tempo...

Não sei, toda essa evocação perdida, toda essa música perdida
É como um pressentimento de inocência, como um apelo...
Mas para que buscar se a forma ficou no gesto esvanecida
E se a poesia ficou dormindo nos braços de outrora...

Como saber se é tarde, se haverá manhã para o crepúsculo
Neste entorpecimento, neste filtro mágico de lágrimas?
Orvalho, orvalho! desce sobre os meus olhos, sobre o meu sexo
Faz-se surgir diamante dentro do sol!

Lembro-me!... como se fosse a hora da memória
Outras tardes, outras janelas, outras criaturas na alma
O olhar abandonado de um lago e o frêmito de um vento
Seios crescendo para o poente como salmos...

Oh, a doce tarde! Sobre mares de gelo ardentes de revérbero
Vagam placidamente navios fantásticos de prata
E em grandes castelos cor de ouro, anjos azuis serenos
Tangem sinos de cristal que vibram na imensa transparência!

Eu sinto que essa tarde está me vendo, que essa serenidade está
[me vendo
Que o momento da criação está me vendo neste instante doloro-
[so de sossego em mim mesmo
Oh criação que estás me vendo, surge mulher e beija-me os olhos
Afaga-me os cabelos, canta uma canção para eu dormir!

És bem tu, máscara da noite, com tua carne rósea
Com teus longos xales campestres e com teus cânticos
És bem tu! ouço teus faunos pontilhando as águas de sons de
[flautas
Em longas escalas cromáticas fragrantes...

Ah, meu verso tem palpitações dulcíssimas! — primaveras!
Sonhos bucólicos nunca sonhados pelo desespero
Visões de rios plácidos e matas adormecidas
Sobre o panorama crucificado e monstruoso dos telhados!

Por que vens, noite? por que não adormeces o teu crepe
Por que não te esvais — espectro — nesse perfume tenro de
[rosas?
Deixa que a tarde envolva eternamente a face dos deuses
Noite, dolorosa noite, misteriosa noite!

Oh tarde, máscara da noite, tu és a presciência
Só tu conheces e acolhes todos os meus pensamentos
O teu céu, a tua luz, a tua calma
São a palavra da morte e do sonho em mim!

VIDA E POESIA

A lua projetava o seu perfil azul
Sobre os velhos arabescos das flores calmas
A pequena varanda era como o ninho futuro
E as ramadas escorriam gotas que não havia.
Na rua ignorada anjos brincavam de roda...
— Ninguém sabia, mas nós estávamos ali.
Só os perfumes teciam a renda da tristeza
Porque as corolas eram alegres como frutos
E uma inocente pintura brotava do desenho das cores
Eu me pus a sonhar o poema da hora.
E, talvez ao olhar meu rosto exasperado
Pela ânsia de te ter tão vagamente amiga
Talvez ao pressentir na carne misteriosa
A germinação estranha do meu indizível apelo
Ouvi bruscamente a claridade do teu riso
Num gorjeio de gorgulhos de água enluarada.
E ele era tão belo, tão mais belo do que a noite
Tão mais doce que o mel dourado dos teus olhos
Que ao vê-lo trilar sobre os teus dentes como um címbalo
E se escorrer sobre os teus lábios como um suco
E marulhar entre os teus seios como uma onda
Eu chorei docemente na concha de minhas mãos vazias
De que me tivesses possuído antes do amor.

SONATA DO AMOR PERDIDO

LAMENTO Nº 1

Onde estão os teus olhos — onde estão? — Oh, milagre de amor
[que escorres dos meus olhos!
Na água iluminada dos rios da lua eu os vi descendo e passando
[e fugindo
Iam como as estrelas da manhã. Vem, eu quero os teus olhos,
[meu amor!
A vida... sombras que vão e sombras que vêm vindo
O tempo... sombras de perto e sombras na distância — vem, o
[tempo quer a vida
Onde ocultar minha dor se os teus olhos estão dormindo?

Onde está tua face? Eu a senti pousada sobre a aurora
Teu brando cortinado ao vento leve era como asas fremindo
Teu sopro tênue era como um pedido de silêncio — oh, a tua face
[iluminada!
Em mim, mãos se amargurando, olhos no céu olhando, ouvidos
[no ar ouvindo
Na minha face o orvalho da madrugada atroz, na minha boca o
[orvalho do teu nome!
Vem... os velhos lírios estão fanando, os lírios novos estão flo-
[rindo...

INTERMÉDIO

Sob o céu de maio as flores têm sede da luz das estrelas
Os róseos gineceus se abrem na sombra para a fecundação mara-
[vilhosa...

Lua, ó branca Safo, estanca o perfume dos corpos desfolhados na
[alvorada
Para que surja a ausente e sinta a música escorrendo do ar!
Vento, ó branco eunuco, traz o pólen sagrado do amor das vir-
[gens
Para que acorde a adormecida e ouça a minha voz...

LAMENTO Nº 2

Teu corpo sobre a úmida relva de esmeralda, junto às acácias
[amarelas
Estavas triste e ausente — mas dos teus seios ia o sol se levan-
[tando
Oh, os teus seios desabrochados e palpitantes como pássaros
[amorosos
E a tua garganta agoniada e teu olhar nas lágrimas boiando!
Oh, a pureza que se abraçou às tuas formas como um anjo
E sobre os teus lábios e sobre os teus olhos está cantando!

Tu não virás jamais! Teus braços como asas frágeis roçaram o es-
[paço sossegado
Na poeira de ouro teus dedos se agitam, fremindo, correndo,
[dançando...
Vais... teus cabelos desvencilhados rolam em onda sobre a tua
[nudez perfeita
E toda te incendeias no facho da alma que está queimando...
Oh, beijemos a terra e sigamos a estrela que vai do fogo nascer
[no céu parado
É a Música, é a Música que vibra e está chamando!

A BRUSCA POESIA DA MULHER AMADA

Longe dos pescadores os rios infindáveis vão morrendo de sede
                                              [lentamente...
Eles foram vistos caminhando de noite para o amor — oh, a mu-
                                      [lher amada é como a fonte!
A mulher amada é como o pensamento do filósofo sofrendo
A mulher amada é como o lago dormindo no cerro perdido
Mas quem é essa misteriosa que é como um círio crepitando no
                                              [peito?
Essa que tem olhos, lábios e dedos dentro da forma inexistente?

Pelo trigo a nascer nas campinas de sol a terra amorosa elevou a
                                      [face pálida dos lírios
E os lavradores foram se mudando em príncipes de mãos finas e
                                      [rostos transfigurados...

Oh, a mulher amada é como a onda sozinha correndo distante das
                                              [praias
Pousada no fundo estará a estrela, e mais além.

O CEMITÉRIO NA MADRUGADA

Às cinco da manhã a angústia se veste de branco
E fica como louca, sentada, espiando o mar...
É a hora em que se acende o fogo-fátuo da madrugada
Sobre os mármores frios, frios e frios do cemitério
E em que, embaladas pela harpa cariciosa das pescarias
Dormem todas as crianças do mundo.

Às cinco da manhã a angústia se veste de branco
Tudo repousa... e sem treva, morrem as últimas sombras...
É a hora em que, libertados do horror da noite escura
Acordam os grandes anjos da guarda dos jazigos
E os mais serenos cristos se desenlaçam dos madeiros
Para lavar o rosto pálido na névoa.

Às cinco da manhã... — tão tarde soube — não fora ainda uma
                                            [visão
Não fora ainda o medo da morte em minha carne!
Viera de longe... de um corpo lívido de amante
Do mistério fúnebre de um êxtase esquecido
Tinha-me perdido na cerração, tinha-me talvez perdido
Na escuta de asas invisíveis em torno...

Mas ah, ela veio até mim, a pálida cidade dos poemas
Eu a vi assim gelada e hirta, na neblina!
Oh, não eras tu, mulher sonâmbula, tu que eu deixei
Banhada do orvalho estéril da minha agonia
Teus seios eram túmulos também, teu ventre era uma urna fria
Mas não havia paz em ti!

SOLILÓQUIO

Talvez os imensos limites da pátria me lembrem os puros
E amargue em meu coração a descrença.
Sinto-me tão cansado de sofrer, tão cansado! —algum dia, em
[alguma parte
Hei de lançar também as âncoras ardentes das promessas
Mas no meu coração intranquilo não há senão fome e sede
De lembranças inexistentes.

O que resta da grande paisagem de pensamentos vividos
Diz, minha alma, senão o vazio?
São verdades as lágrimas, os estremecimentos, os tédios longos
As caminhadas infinitas no oco da eterna voz que te obriga?
E no entanto o que crê em ti não tem o teu amor aprisionado
Escravo de fruições efêmeras...

Ah, será para sempre assim... o beijo pouco do tempo
Na face presa da eternidade
E em todos os momentos a sensação pobre de estar vivendo
E ter em si somente o que não pode ser vivido
E em todos os momentos a beleza, e apenas
Num só momento a prece...

Nunca me sorrirão vozes infantis no corpo, e quem sabe por
[tê-las
Muito ardentemente desejado...
Talvez os limites da pátria me lembrem os puros e enlouqueça
Em mim o que não foi da carne conquistado.
Muitas vezes hei de me dizer que não sou senão juventude
No seio do pântano triste.

Quero-te, porém, vida, súplica! o medo de mim mesmo
Não há na minha saudade!
É que dói não viver em amor e em renúncia
Quando o amor e a renúncia são terras dentro de mim
E uma vez mais me deitarei no frio, guia de luz perdido
Sem mistérios e sem sombra.

Bem viram os que temeram a minha angústia e as que se disse-
[ram:
— Ele perdeu-se no mar!
No mar estou perdido, sem céu e sem terra e sem sede de água
E nada senão minha carne resiste aos apelos do ermo...
O que restará de ti, homem triste, que não seja a tua tristeza
Fruto sobre a terra morta...

Não pensar, talvez... Caminhar ciliciando a carne
Sobre o corpo macerado da vida
Ser um milhão na mesma cidade desabitada
E sendo apenas um, ir acordando o amor e a angústia
E da inquietação vinda e multiplicada, arrancar um riso sem força
Sobre as paisagens inúteis.

Mas, oh, saber... — saber até o fundo do conhecimento
Sobre as aves e os lírios!
Saber a pureza bailando no pensamento como um gênio perfeito
E na alma os cantos límpidos e os voos de uma poesia!
E nada poder, nada, senão ir e vir como a sombra do condenado
Pelo silêncio em escuta...

E não sou um covarde... — sofro pelas manhãs e pelas tardes
E pelas noites desvaneço...
No entanto, é covarde que me sinto no olhar dos que me amam
E no prazer que arranco cem vezes da carne ou do espírito que
[quero
Ai de mim, tão grande, tão pequeno... — e quando o digo intima-
[mente!
E em ambos, sem pânico...

E me pergunto: Serei vazio de amor como os ciprestes
No seio da ventania?
Serei vazio de serenidade como as águas no seio do abismo
Ou como as parasitas no seio da mata serei vazio de humildade?
Ou serei o amor eu mesmo e a calma e a humildade eu mesmo
No seio do infinito vazio?

E me pergunto: O que é o perigo, onde a sua fascinação pro-
[funda
E o gosto ardente de morrer?
Não é a morte o meu voto murmurante
Que caminha comigo pelas estradas e adormece no meio leito?
O que é morrer senão viver placidamente
Na imutável espera?

Nada respondo — nada responde o desespero
Solidão sem desvario.
Mas resta, resta a ânsia das palavras murmuradas ao vento
E a emoção das visões vividas no seu melhor momento
Resta a posse longínqua e em eterna lembrança
Da imagem única.

Resta?... Já me disse blasfêmias no âmago do prazer sentido
Sobre o corpo nu da mulher
Já arranquei de mim mesmo o sumo da sabedoria
Para fazê-lo vibrar dolorosamente à minha vontade
E no entanto... posso me glorificar de ter sido forte
Contra o que sempre foi?

Hão de ir todos, todos, para as celebrações e para os ritos
Ficarei em casa, sem lar
Hei de ouvir as vozes dos amantes que não se entediam
E dos amigos que não se amam e não lutam
As portas abertas, à espera dos passos do retardatário
Não receberei ninguém.

Talvez nos imensos limites da pátria estejam os puros
E apenas em mim o ilimitado...
Mas oh, cerrar os olhos, dormir, dormir longe de tudo
Longe mesmo do amor longe de mim!
E enquanto se vão todos, heroicos, santos, sem mentira ou sem
                                                                    [verdade

Ficar, sem perseverança...

A VIDA VIVIDA

Quem sou eu senão um grande sonho obscuro em face do Sonho
Senão uma grande angústia obscura em face da Angústia
Quem sou eu senão a imponderável árvore dentro da noite imóvel
E cujas presas remontam ao mais triste fundo da terra?

De que venho senão da eterna caminhada de uma sombra
Que se destrói à presença das fortes claridades
Mas em cujo rastro indelével repousa a face do mistério
E cuja forma é a prodigiosa treva informe?

Que destino é o meu senão o de assistir ao meu Destino
Rio que sou em busca do mar que me apavora
Alma que sou clamando o desfalecimento
Carne que sou no âmago inútil da prece?

O que é a mulher em mim senão o Túmulo
O branco marco da minha rota peregrina
Aquela em cujos braços vou caminhando para a morte
Mas em cujos braços somente tenho vida?

O que é o meu Amor, ai de mim! senão a luz impossível
Senão a estrela parada num oceano de melancolia
O que me diz ele senão que é vã toda a palavra
Que não repousa no seio trágico do abismo?

O que é o meu Amor? senão o meu desejo iluminado
O meu infinito desejo do ser o que sou acima de mim mesmo
O meu eterno partir na minha vontade enorme de ficar
Peregrino, peregrino de um instante, peregrino de todos os ins-
[tantes?

A quem respondo senão a ecos, a soluços, a lamentos
De vozes que morrem no fundo do meu prazer ou do meu tédio
A quem falo senão a multidões de símbolos errantes
Cuja tragédia efêmera nenhum espírito imagina?

Qual é o meu ideal senão fazer do céu poderoso a Língua
Da nuvem a Palavra imortal cheia de segredo
E do fundo do inferno delirantemente proclamá-los
Em Poesia que se derrame como sol ou como chuva?

O que é o meu ideal senão o Supremo Impossível
Aquele que é, só ele, o meu cuidado e o meu anelo
O que é ele em mim senão o meu desejo de encontrá-lo
E o encontrando, o meu medo de não o reconhecer?

O que sou eu senão Ele, o Deus em sofrimento
O tremor imperceptível na voz portentosa do vento
O bater invisível de um coração no descampado...
O que sou eu senão Eu Mesmo em face de mim?

ARIANA, A MULHER

Quando, aquela noite, na sala deserta daquela casa cheia da mon-
[tanha em torno
O tempo convergiu para a morte e houve uma cessação estranha
[seguida de um debruçar do instante para o outro instante
Ante o meu olhar absorto o relógio avançou e foi como se eu
[tivesse me identificado a ele e estivesse batendo soturnamente
[a Meia-Noite
E na ordem de horror que o silêncio fazia pulsar como um cora-
[ção dentro do ar despojado
Senti que a Natureza tinha entrado invisivelmente através das
[paredes e se plantara aos meus olhos em toda a sua fixidez
[noturna
E que eu estava no meio dela e à minha volta havia árvores dor-
[mindo e flores desacordadas pela treva.

Como que a solidão traz a presença invisível de um cadáver — e
[para mim era como se a Natureza estivesse morta
Eu aspirava a sua respiração ácida e pressentia a sua deglutição
[monstruosa mas para mim era como se ela estivesse morta
Paralisada e fria, imensamente erguida em sua sombra imóvel
[para o céu alto e sem lua
E nenhum grito, nenhum sussurro de água nos rios correndo,
[nenhum eco nas quebradas ermas
Nenhum desespero nas lianas pendidas, nenhuma fome no muco
[aflorado das plantas carnívoras
Nenhuma voz, nenhum apelo da terra, nenhuma lamentação de
[folhas, nada.

Em vão eu atirava os braços para as orquídeas insensíveis junto
[aos lírios inermes como velhos falos

Inutilmente corria cego por entre os troncos cujas parasitas eram
[como a miséria da vaidade senil dos homens
Nada se movia como se o medo tivesse matado em mim a moci-
[dade e gelado o sangue capaz de acordá-los
E já o suor corria do meu corpo e as lágrimas dos meus olhos ao
[contato dos cactos esbarrados na alucinação da fuga
E a loucura dos pés parecia galgar lentamente os membros em
[busca do pensamento
Quando caí no ventre quente de uma campina de vegetação
[úmida e sobre a qual afundei minha carne.

Foi então que compreendi que só em mim havia morte e que
[tudo estava profundamente vivo
Só então vi as folhas caindo, os rios correndo, os troncos pul-
[sando, as flores se erguendo
E ouvi os gemidos dos galhos tremendo, dos gineceus se abrindo,
[das borboletas noivas se finando
E tão grande foi a minha dor que angustiosamente abracei a terra
[como se quisesse fecundá-la
Mas ela me lançou fora como se não houvesse força em mim e
[como se ela não me desejasse
E eu me vi só, nu e só, e era como se a traição tivesse me enve-
[lhecido eras.

Tristemente me brotou da alma o branco nome da Amada e eu
[murmurei — Ariana!
E sem pensar caminhei trôpego como a visão do Tempo e mur-
[murava — Ariana!
E tudo em mim buscava Ariana e não havia em nenhuma parte
Mas se Ariana era a floresta, por que não havia de ser Ariana a
[terra?
Se Ariana era a morte, por que não havia de ser Ariana a vida?
Por quê? — se tudo era Ariana e só Ariana havia e nada fora de
[Ariana?

Baixei à terra de joelhos e a boca colada ao seu seio disse muito
                    [docemente — Sou eu, Ariana...
Mas eis que um grande pássaro azul desce e canta aos meus ouvi-
                    [dos — Eu sou Ariana!
E em todo o céu ficou vibrando como um hino o muito amado
                    [nome de Ariana.
Desesperado me ergui e bradei: Quem és que te devo procurar
                    [em toda a parte e estás em cada uma?
Espírito, carne, vida, sofrimento, serenidade, morte, por que não
                    [serias uma?
Por que me persegues e me foges e por que me cegas se me dás
                    [uma luz e restas longe?

Mas nada me respondeu e eu prossegui na minha peregrinação
                    [através da campina
E dizia: Sei que tudo é infinito! — e o pio das aves me trazia o
                    [grito dos sertões desaparecidos
E as pedras do caminho me traziam os abismos e a terra seca a
                    [sede nas fontes.
No entanto, era como se eu fosse a alimária de um anjo que me
                    [chicoteava — Ariana!
E eu caminhava cheio de castigo e em busca do martírio de
                    [Ariana
A branca Amada salva das águas e a quem fora prometido o trono
                    [do mundo.

E eis que galgando um monte surgiram luzes e após janelas ilu-
                    [minadas e após cabanas iluminadas
E após ruas iluminadas e após lugarejos iluminados como fogos
                    [no mato noturno
E grandes redes de pescar secavam às portas e se ouvia o bater das
                    [forjas
E perguntei: Pescadores, onde está Ariana? — e eles me mostra-
                    [vam o peixe
Ferreiros, onde está Ariana? — e eles me mostravam o fogo
Mulheres, onde está Ariana? — e elas me mostravam o sexo.

Mas logo se ouviam gritos e danças, e gaitas tocavam e guizos
[batiam
Eu caminhava, e aos poucos o ruído ia se alongando à medida
[que eu penetrava na savana
No entanto, era como se o canto que me chegava entoasse —
[Ariana!
E pensei: Talvez eu encontre Ariana na Cidade de Ouro — por
[que não seria Ariana a mulher perdida?
Por que não seria Ariana a moeda em que o obreiro gravou a
[efígie de César?
Por que não seria Ariana a mercadoria do Templo ou a púrpura
[bordada do altar do Templo?

E mergulhei nos subterrâneos e nas torres da Cidade de Ouro
[mas não encontrei Ariana
Às vezes indagava — e um poderoso fariseu me disse irado:
[— Cão de Deus, tu és Ariana!
E talvez porque eu fosse realmente o Cão de Deus, não compre-
[endi a palavra do homem rico
Mas Ariana não era a mulher, nem a moeda, nem a mercadoria,
[nem a púrpura
E eu disse comigo: Em todo lugar menos que aqui estará Ariana
E compreendi que só onde cabia Deus cabia Ariana.

Então cantei: Ariana, chicote de Deus castigando Ariana! e disse
[muitas palavras inexistentes
E imitei a voz dos pássaros e espezinhei sobre a urtiga mas não
[espezinhei sobre a cicuta santa
Era como se um raio tivesse me ferido e corresse desatinado den-
[tro de minhas entranhas
As mãos em concha, no alto dos morros ou nos vales eu grita-
[va — Ariana!
E muitas vezes o eco ajuntava: Ariana... ana...
E os trovões desdobravam no céu a palavra — Ariana.

E como a uma ordem estranha, as serpentes saíam das tocas e
[comiam os ratos
Os porcos endemoninhados se devoravam, os cisnes tombavam
[cantando nos lagos
E os corvos e abutres caíam feridos por legiões de águias precipi-
[tadas
E misteriosamente o joio se separava do trigo nos campos de-
[sertos
E os milharais descendo os braços trituravam as formigas no solo
E envenenadas pela terra descomposta as figueiras se tornavam
[profundamente secas.

Dentro em pouco todos corriam a mim, homens varões e mulhe-
[res desposadas
Umas me diziam: Meu senhor, meu filho morre! e outras eram
[cegas e paralíticas
E os homens me apontavam as plantações estorricadas e as vacas
[magras.
E eu dizia: Eu sou o enviado do Mal! e imediatamente as crianças
[morriam
E os cegos se tornavam paralíticos e os paralíticos cegos
E as plantações se tornavam pó que o vento carregava e que sufo-
[cava as vacas magras.

Mas como quisessem me correr eu falava olhando a dor e a mace-
[ração dos corpos
Não temas, povo escravo! A mim me morreu a alma mais do que
[o filho e me assaltou a indiferença mais do que a lepra
A mim se fez pó a carne mais do que o trigo e se sufocou a poesia
[mais do que a vaca magra
Mas é preciso! Para que surja a Exaltada, a branca e sereníssima
[Ariana
A que é a lepra e a saúde, o pó e o trigo, a poesia e a vaca magra
Ariana, a mulher — a mãe, a filha, a esposa, a noiva, a bem-
[-amada!

E à medida que o nome de Ariana ressoava como um grito de
[clarim nas faces paradas
As crianças se erguiam, os cegos olhavam, os paralíticos andavam
[medrosamente
E nos campos dourados ondulando ao vento, as vacas mugiam
[para o céu claro
E um só clamor saía de todos os peitos e vibrava em todos lá-
[bios — Ariana!
E uma só música se estendia sobre as terras e sobre os rios —
[Ariana!
E um só entendimento iluminava o pensamento dos poetas —
[Ariana!

Assim, coberto de bênçãos, cheguei a uma floresta e me sentei às
[suas bordas — os regatos cantavam límpidos
Tive o desejo súbito da sombra, da humildade dos galhos e do
[repouso das folhas secas
E me aprofundei na espessura funda cheia de ruídos e onde o
[mistério passava sonhando
E foi como se eu tivesse procurado e sido atendido — vi orquí-
[deas que eram camas doces para a fadiga
Vi rosas selvagens cheias de orvalho, de perfume eterno e boas
[para matar a sede
E vi palmas gigantescas que eram leques para afastar o calor da
[carne.

Descansei — por um momento senti vertiginosamente o húmus
[fecundo da terra
A pureza e a ternura da vida nos lírios altivos como falos
A liberdade das lianas prisioneiras, a serenidade das quedas se
[despenhando.
E mais do que nunca o nome da Amada me veio e eu murmurei
[o apelo — Eu te amo, Ariana!
E o sono da Amada me desceu aos olhos e eles cerraram a visão
[de Ariana

E meu coração pôs-se a bater pausadamente doze vezes o sinal
[cabalístico de Ariana...

....

Depois um gigantesco relógio se precisou na fixidez do sonho,
[tomou forma e se situou na minha frente, parado sobre a Meia-
[-Noite
Vi que estava só e que era eu mesmo e reconheci velhos objetos
[amigos.
Mas passando sobre o rosto a mão gelada senti que chorava as
[puríssimas lágrimas de Ariana
E que o meu espírito e o meu coração eram para sempre da
[branca e sereníssima Ariana
No silêncio profundo daquela casa cheia da montanha em torno.

ELEGIA QUASE UMA ODE

Meu sonho, eu te perdi; tornei-me em homem.

O verso que mergulha o fundo de minha alma
É simples e fatal, mas não traz carícia...
Lembra-me de ti, poesia-criança, de ti
Que te suspendias para o poema como que para um seio no es-
[paço.
Levavas em cada palavra a ânsia
De todo o sofrimento vivido.

Queria dizer coisas simples, bem simples
Que não ferissem teus ouvidos, minha mãe.
Queria falar em Deus, falar docemente em Deus
Para acalentar tua esperança, minha avó.
Queria tornar-me mendigo, ser miserável
Para participar de tua beleza, meu irmão.
Queria, meus amigos... queria, meus inimigos...
Queria...
            queria tão exaltadamente, minha amiga!

Mas tu, Poesia
Tu desgraçadamente Poesia
Tu que me afogaste em desespero e me salvaste
E me afogaste de novo e de novo me salvaste e me trouxeste
À borda de abismos irreais em que me lançaste e que depois eram
[abismos verdadeiros
Onde vivia a infância corrompida de vermes, a loucura prenhe
[do Espírito Santo, e ideias e ideais em lágrimas, e castigos e
[redenções mumificados em sêmen cru

Tu!
Iluminaste, jovem dançarina, a lâmpada mais triste da memória...

Pobre de mim, tornei-me em homem.
De repente, como a árvore pequena
Que à estação das águas bebe a seiva do húmus farto
Estira o caule e dorme para despertar adulta
Assim, poeta, voltaste para sempre.

No entanto, era mais belo o tempo em que sonhavas...

Que sonho é minha vida?
A ti direi que és tu, Maria Aparecida!
A vós, no pudor de falar ante a vossa grandeza
Direi que é esquecer todos os sonhos, meus amigos.
Ao mundo, que ama a lenda dos destinos
Direi que é o meu caminho de poeta.
A mim mesmo, hei de chamá-lo inocência, amor, alegria, sofri-
                              [mento, morte, serenidade
Hei de chamá-lo assim que sou fraco e mutável
E porque é preciso que eu não minta nunca para poder dormir.
Ah
Devesse eu jamais atender aos apelos do íntimo...

Teus braços longos, coruscantes; teus cabelos de oleosa cor; tuas
mãos musicalíssimas; teus pés que levam a dança prisioneira; teu
corpo grave de graça instantânea; o modo com que olhas o âmago
da vida; a tua paz, angústia paciente; o teu desejo irrevelado; o
grande, o infinito inútil poético! tudo isso seria um sonho a
sonhar no teu seio que é tão pequeno...

Oh, quem me dera não sonhar mais nunca
Nada ter de tristezas nem saudades
Ser apenas Moraes sem ser Vinicius!
Ah, pudesse eu jamais, me levantando
Espiar a janela sem paisagem

O céu sem tempo e o tempo sem memória!
Que hei de fazer de mim que sofro tudo
Anjo e demônio, angústias e alegrias
Que peco contra mim e contra Deus!
Às vezes me parece que me olhando
Ele dirá, do seu celeste abrigo:
Fui cruel por demais com esse menino...
No entanto, que outro olhar de piedade
Curará neste mundo as minhas chagas?
Sou fraco e forte, venço a vida: breve
Perco tudo; breve, não posso mais...
Oh, natureza humana, que desgraça!
Se soubesses que força, que loucura
São todos os teus gestos de pureza
Contra uma carne tão alucinada!
Se soubesses o impulso que te impele
Nestas quatro paredes de minha alma
Nem sei o que seria deste pobre
Que te arrasta sem dar um só gemido!
É muito triste se sofrer tão moço
Sabendo que não há nenhum remédio
E se tendo que ver a cada instante
Que é assim mesmo, que mais tarde passa
Que sorrir é questão de paciência
E que a aventura é que governa a vida.
Oh ideal misérrimo, te quero:
Sentir-me apenas homem e não poeta!

E escuto... Poeta! triste Poeta!
Não, foi certamente o vento da manhã nas araucárias
Foi o vento... sossega, meu coração; às vezes o vento parece
                                                    [falar...
E escuto... Poeta! pobre Poeta!
Acalma-te, tranquilidade minha... é um passarinho, só pode ser
                                                    [um passarinho

Eu nem me importo... e se não for um passarinho, há tantos
[lamentos nesta terra...
E escuto... Poeta! sórdido Poeta!
Oh angústia! desta vez... não foi a voz da montanha? Não foi o
[eco distante
Da minha própria voz inocente?

Choro.
Choro atrozmente, como os homens choram.
As lágrimas correm milhões de léguas no meu rosto que o pranto
[fez gigantesco.
Ó lágrimas, sois como borboletas dolorosas
Volitais dos meus olhos para os caminhos esquecidos...
Meu pai, minha mãe, socorrei-me!
Poetas, socorrei-me!
Penso que daqui a um minuto estarei sofrendo
Estarei puro, renovado, criança, fazendo desenhos perdidos no
[ar...
Venham me aconselhar, filósofos, pensadores
Venham me dizer o que é a vida, o que é o conhecimento, o que
[quer dizer a memória
Escritores russos, alemães, franceses, ingleses, noruegueses
Venham me dar ideias como antigamente, sentimentos como
[antigamente
Venham me fazer sentir sábio como antigamente!
Hoje me sinto despojado de tudo que não seja música
Poderia assoviar a ideia da morte, fazer uma sonata de toda a
[tristeza humana
Poderia apanhar todo o pensamento da vida e enforcá-lo na
[ponta de uma clave de Fá!

Minha Nossa Senhora, dai-me paciência
Meu Santo Antônio, dai-me muita paciência
Meu São Francisco de Assis, dai-me muitíssima paciência!
Se volto os olhos tenho vertigens
Sinto desejos estranhos de mulher grávida

Quero o pedaço de céu que vi há três anos, atrás de uma colina
[que só eu sei
Quero o perfume que senti não me lembro quando e que era
[entre sândalo e carne de seio.
Tanto passado me alucina
Tanta saudade me aniquila
Nas tardes, nas manhãs, nas noites da serra.
Meu Deus, que peito grande que eu tenho
Que braços fortes que eu tenho, que ventre esguio que eu tenho!
Para que um peito tão grande
Para que uns braços tão fortes
Para que um ventre tão esguio
Se todo meu ser sofre da solidão que tenho
Na necessidade que tenho de mil carícias constantes da amiga?
Por que eu caminhando
Eu pensando, eu me multiplicando, eu vivendo
Por que eu nos sentimentos alheios
E eu nos meus próprios sentimentos
Por que eu animal livre pastando nos campos
E príncipe tocando o meu alaúde entre as damas do senhor rei
[meu pai
Por que eu truão nas minhas tragédias
E Amadis de Gaula nas tragédias alheias?

Basta!
Basta, ou dai-me paciência!
Tenho tido muita delicadeza inútil
Tenho me sacrificado muito demais, um mundo de mulheres em
[excesso tem me vendido
Quero um pouso
Me sinto repelente, impeço os inocentes de me tocarem
Vivo entre as águas torvas da minha imaginação
Anjos, tangei sinos
O anacoreta quer a sua amada
Quer a sua amada vestida de noiva
Quer levá-la para a neblina do seu amor...

Mendelssohn, toca a tua marchinha inocente
Sorriam, pajens, operárias curiosas
O poeta vai passar soberbo
Ao seu braço uma criança fantástica derrama os óleos santos das
[últimas lágrimas.
Ah, não me afogueis em flores, poemas meus, voltai aos livros
Não quero glórias, pompas, adeus!
Solness, voa para a montanha, meu amigo
Começa a construir uma torre bem alta, bem alta...

ELEGIA LÍRICA

Um dia, tendo ouvido bruscamente o apelo da amiga desconhe-
[cida
Pus-me a descer contente pela estrada branca do sul
E em vão eram tristes os rios e torvas as águas
Nos vales havia mais poesia que em mil anos.

Eu devia ser como o filósofo errante à imagem da Vida
O riso me levava nas asas vertiginosas das andorinhas
E em vão eram tristes os rios e torvas as águas
Sobre o horizonte em fogo cavalos vermelhos pastavam.

Por todos os lados flores, não flores ardentes, mas outras flores
Singelas, que se poderiam chamar de outros nomes que não os
[seus
Flores como borboletas prisioneiras, algumas pequenas e pobre-
[zinhas
Que lá aos vossos pés riam-se como orfãzinhas despertadas.

Que misericórdia sem termo vinha se abatendo sobre mim!
Meus braços se fizeram longos para afagar os seios das monta-
[nhas
Minhas mãos se tornaram leves para reconduzir o animalzinho
[transviado
Meus dedos ficaram suaves para afagar a pétala murcha.

E acima de tudo me abençoava o anjo do amor sonhado...
Seus olhos eram puros e mutáveis como profundezas de lago
Ela era como uma nuvem branca num céu de tarde
Triste, mas tão real e evocativa como uma pintura.

Cheguei a querê-la em lágrimas, como uma criança
Vendo-a dançar ainda quente de sol nas gazes frias da chuva
E a correr para ela, quantas vezes me descobri confuso
Diante de fontes nuas que me prendiam e me abraçavam...

Meu desejo era bom e meu amor fiel
Versos que outrora fiz vinham-me sorrir à boca...
Oh, doçura! que colmeia és de tanta abelha
Em meu peito a derramares mel tão puro!

E vi surgirem as luzes brancas da cidade
Que me chamavam; e fui... Cheguei feliz
Abri a porta... ela me olhou e perguntou meu nome:
Era uma criança, tinha olhos exaltados, parecia me esperar...

*

A minha namorada é tão bonita, tem olhos como besourinhos do
                                              [céu
Tem olhos como estrelinhas que estão sempre balbuciando aos
                                              [passarinhos...
É tão bonita! tem um cabelo fino, um corpo menino e um andar
                                              [pequenino
E é a minha namorada... vai e vem como uma patativa, de repente
                                              [morre de amor
Tem fala de S e dá a impressão que está entrando por uma nuvem
                                              [adentro...
Meu Deus, eu queria brincar com ela, fazer comidinha, jogar
                                              [nai-ou-nentes
Rir e num átimo dar um beijo nela e sair correndo
E ficar de longe espiando-lhe a zanga, meio vexado, meio sem
                                              [saber o que faça...
A minha namorada é muito culta, sabe aritmética, geografia, his-
                                              [tória, contraponto
E se eu lhe perguntar qual a cor mais bonita ela não dirá que é a
                                              [roxa, porém brique.

Ela faz coleção de cactos, acorda cedo vai para o trabalho
E nunca se esquece que é a menininha do poeta.
Se eu lhe perguntar: Meu anjo, quer ir à Europa? ela diz: Quero
[se mamãe for!
Se eu lhe perguntar: Meu anjo, que casar comigo? ela diz... —
[não, ela não acredita.
É doce! gosta muito de mim e sabe dizer sem lágrimas: Vou sen-
[tir tantas saudades quando você for...
É uma nossa senhorazinha, é uma cigana, é uma coisa
Que me faz chorar na rua, dançar no quarto, ter vontade de me
[matar e de ser presidente da república.
É boba, ela! tudo faz, tudo sabe, é linda, ó anjo de Domremy!
Deem-lhe uma espada, constrói um reino; deem-lhe uma agu-
[lha, faz um crochê
Deem-lhe um teclado, faz uma aurora, deem-lhe razão, faz uma
[briga...!
E do pobre ser que Deus lhe deu, eu, filho pródigo, poeta cheio
[de erros

Ela fez um eterno perdido...

"Meu benzinho adorado minha triste irmãzinha eu te peço por
tudo o que há de mais sagrado que você me escreva uma cartinha
sim dizendo como é que você vai que eu não sei eu ando tão
zaranza por causa do teu abandono eu choro e um dia pego tomo
um porre danado que você vai ver e aí nunca mais mesmo que
você me quer e sabe o que eu faço eu vou-me embora para sempre e nunca mais vejo esse rosto lindo que eu adoro porque você
é toda a minha vida e eu só escrevo por tua causa ingrata e só
trabalho para casar com você quando a gente puder porque agora
tudo está tão difícil mas melhora não se afobe e tenha confiança
em mim que te quero acima do próprio Deus que me perdoe eu
dizer isso mas é sincero porque ele sabe que ontem pensei todo
o dia em você e acabei chorando no rádio por causa daquele
estudo de Chopin que você tocou antes de eu ir-me embora e
imagina só que estou fazendo uma história para você muito
bonita e quando chega de noite eu fico tão triste que até dá pena

e tenho vontade de ir correndo te ver e beijo o ar feito bobo com uma coisa no coração que já fui até no médico mas ele disse que é nervoso e me falou que eu sou emotivo e eu peguei ri na cara dele e ele ficou uma fera que a medicina dele não sabe que o meu bem está longe melhor para ele eu só queria te ver uma meia hora eu pedia tanto que você acabava ficando enfim adeus que já estou até cansado de tanta saudade e tem gente aqui perto e fica feio eu chorar na frente deles eu não posso adeus meu rouxinol me diz boa-noite e dorme pensando neste que te adora e se puder pensa o menos possível no teu amigo para você não se entristecer muito que só mereces felicidade do teu definitivo e sempre amigo..."

Tudo é expressão.
Neste momento, não importa o que eu te diga
Voa de mim como uma incontensão de alma ou como um afago.
Minhas tristezas, minhas alegrias
Meus desejos são teus, toma, leva-os contigo!
És branca, muito branca
E eu sou quase eterno para o teu carinho.
Não quero dizer nem que te adoro
Nem que tanto me esqueço de ti
Quero dizer-te em outras palavras todos os votos de amor jamais
[sonhados
Alóvena, ebaente
Puríssima, feita para morrer...

"Oh
Crucificado estou
Na ânsia deste amor
Que o pranto me transporta sobre o mar
Pelas cordas desta lira
Todo o meu ser delira
Na alma da viola a soluçar!"
Bordões, primas
Falam mais que rimas.

É estranho
Sinto que ainda estou longe de tudo
Que talvez fosse melhor cantar um *blues*
Yes!
Mas
O maior medo é que não me ouças
Que estejas deitada sonhando comigo
Vendo o vento soprar o avental da tua janela
Ou na aurora boreal de uma igreja escutando se erguer o sol de
                                                            [Deus.

Mas tudo é expressão!
Insisto nesse ponto, senhores jurados
O meu amor diz frases temíveis:
Angústia mística
Teorema poético
Cultura grega dos passeios no parque...

No fundo o que eu quero é que ninguém me entenda
Para eu poder te amar tragicamente!

ELEGIA DESESPERADA

Alguém que me falasse do mistério do Amor
Na sombra — alguém! Alguém que me mentisse
Em sorrisos, enquanto morriam os rios, enquanto morriam
As aves do céu! e mais que nunca
No fundo da carne o sonho rompeu um claustro frio
Onde as lúcidas irmãs na branca loucura das auroras
Rezam e choram e velam o cadáver gelado do sol!
Alguém que me beijasse e me fizesse estacar
No meu caminho — alguém! — as torres ermas
Mais altas que a lua, onde dormem as virgens
Nuas, as nádegas crispadas no desejo
Impossível dos homens — ah! deitariam a sua maldição!
Ninguém... nem tu, andorinha, que para seres minha
Foste mulher alta, escura e de mãos longas...
Revesti-me de paz? — não mais se me fecharão as chagas
Ao beijo ardente dos ideais — perdi-me
De paz! sou rei, sou árvore
No plácido país do Outono; sou irmão da névoa
Ondulante, sou ilha no gelo, apaziguada!
E no entanto, se eu tivesse ouvido em meu silêncio uma voz
De dor, uma simples voz de dor... mas! fecharam-me
As portas, sentaram-se todos à mesa e beberam o vinho
Das alegrias e penas da vida (e eu só tive a lua
Lívida, a lésbica que me poluiu da sua eterna
Insensível poluição...) Gritarei a Deus? — ai dos homens!
Aos homens? — ai de mim! Cantarei
Os fatais hinos da redenção? Morra Deus
Envolto em música! — e que se abracem
As montanhas do mundo para apagar o rasto do poeta!

*

E o homem vazio se atira para o esforço desconhecido
Impassível. A treva amarga o vento. No silêncio
Troa invisível o tantã das tribos bárbaras
E descem os rios loucos para a imaginação humana.

Do céu se desprende a face maravilhosa de Canópus
Para o muito fundo da noite... — e um grito cresce desorientado
Um grito de virgem que arde... — na copa dos pinheiros
Nem um piar de pássaro, nem uma visão consoladora da lua.

É o instante em que o medo poderia ser para sempre
Em que as planícies se ausentam e deixam as entranhas cruas da
[terra
Para as montanhas, a imagem do homem crispado, correndo
É a visão do próprio desespero perdido na própria imobilidade.

Ele traz em si mesmo a maior das doenças
Sobre o seu rosto de pedra os olhos são órbitas brancas
À sua passagem as sensitivas se fecham apavoradas
E as árvores se calam e tremem convulsas de frio.

O próprio bem tem nele a máscara do gelo
E o seu crime é cruel, lúcido e sem paixão
Ele mata a avezinha só porque a viu voando
E queima florestas inteiras para aquecer as mãos.

Seu olhar que rouba às estrelas belezas recônditas
Debruça-se às vezes sobre a borda negra dos penhascos
E seu ouvido agudo escuta longamente em transe
As gargalhadas cínicas dos vampiros e dos duendes.

E se acontece encontrar em seu fatal caminho
Essas imprudentes meninas que costumam perder-se nos bosques
Eles as apaixona de amor e as leva e as sevicia
E as lança depois ao veneno das víboras ferozes.

Seu nome é terrível. Se ele o grita silenciosamente
Deus se perde de horror e se destrói no céu.
Desespero! Desespero! Porta fechada ao mal
Loucura do bem, desespero, criador de anjos!

(O DESESPERO DA PIEDADE)

Meu Senhor, tende piedade dos que andam de bonde
E sonham no longo percurso com automóveis, apartamentos...
Mas tende piedade também dos que andam de automóvel
Quando enfrentam a cidade movediça de sonâmbulos, na direção.

Tende piedade das pequenas famílias suburbanas
E em particular dos adolescentes que se embebedam de domin-
[gos
Mas tende mais piedade ainda de dois elegantes que passam
E sem saber inventam a doutrina do pão e da guilhotina.

Tende muita piedade do mocinho franzino, três cruzes, poeta
Que só tem de seu as costeletas e a namorada pequenina
Mas tende mais piedade ainda do impávido forte colosso do es-
[porte
E que se encaminha lutando, remando, nadando para a morte.

Tende imensa piedade dos músicos dos cafés e casas de chá
Que são virtuoses da própria tristeza e solidão
Mas tende piedade também dos que buscam o silêncio
E súbito se abate sobre eles uma ária da Tosca.

Não esqueçais também em vossa piedade os pobres que enrique-
[ceram
E para quem o suicídio ainda é a mais doce solução
Mas tende realmente piedade dos ricos que empobreceram
E tornam-se heroicos e à santa pobreza dão um ar de grandeza.

Tende infinita piedade dos vendedores de passarinhos
Que em suas alminhas claras deixam a lágrima e a incompreen-
[são
E tende piedade também, menor embora, dos vendedores de bal-
[cão
Que amam as freguesas e saem de noite, quem sabe aonde vão...

Tende piedade dos barbeiros em geral, e dos cabeleireiros
Que se efeminam por profissão mas que são humildes nas suas
[carícias
Mas tende mais piedade ainda dos que cortam o cabelo:
Que espera, que angústia, que indigno, meu Deus!

Tende piedade dos sapateiros e caixeiros de sapataria
Que lembram madalenas arrependidas pedindo piedade pelos
[sapatos
Mas lembrai-vos também dos que se calçam de novo
Nada pior que um sapato apertado, Senhor Deus.

Tende piedade dos homens úteis como os dentistas
Que sofrem de utilidade e vivem para fazer sofrer
Mas tende mais piedade dos veterinários e práticos de farmácia
Que muito eles gostariam de ser médicos, Senhor.

Tende piedade dos homens públicos e em particular dos políticos
Pela sua fala fácil, olhar brilhante e segurança dos gestos de mão
Mas tende mais piedade ainda dos seus criados, próximos e pa-
[rentes
Fazei, Senhor, com que deles não saiam políticos também.

E no longo capítulo das mulheres, Senhor, tende piedade das
[mulheres
Castigai minha alma, mas tende piedade das mulheres
Enlouquecei meu espírito, mas tende piedade das mulheres
Ulcerai minha carne, mas tende piedade das mulheres!

Tende piedade da moça feia que serve na vida
De casa, comida e roupa lavada da moça bonita
Mas tende mais piedade ainda da moça bonita
Que o homem molesta — que o homem não presta, não presta,
[meu Deus!

Tende piedade das moças pequenas das ruas transversais
Que de apoio na vida só têm Santa Janela da Consolação
E sonham exaltadas nos quartos humildes
Os olhos perdidos e o seio na mão.

Tende piedade da mulher no primeiro coito
Onde se cria a primeira alegria da Criação
E onde se consuma a tragédia dos anjos
E onde a morte encontra a vida em desintegração.

Tende piedade da mulher no instante do parto
Onde ela é como a água explodindo em convulsão
Onde ela é como a terra vomitando cólera
Onde ela é como a lua parindo desilusão.

Tende piedade das mulheres chamadas desquitadas
Porque nelas se refaz misteriosamente a virgindade
Mas tende piedade também das mulheres casadas
Que se sacrificam e se simplificam a troco de nada.

Tende piedade, Senhor, das mulheres chamadas vagabundas
Que são desgraçadas e são exploradas e são infecundas
Mas que vendem barato muito instante de esquecimento
E em paga o homem mata com a navalha, com o fogo, com o
[veneno.

Tende piedade, Senhor, das primeiras namoradas
De corpo hermético e coração patético
Que saem à rua felizes mas que sempre entram desgraçadas
Ques se creem vestidas mas que em verdade vivem nuas.

Tende piedade, Senhor, de todas as mulheres
Que ninguém mais merece tanto amor e amizade
Que ninguém mais deseja tanto poesia e sinceridade
Que ninguém mais precisa tanto de alegria e serenidade.

Tende infinita piedade delas, Senhor, que são puras
Que são crianças e são trágicas e são belas
Que caminham ao sopro dos ventos e que pecam
E que têm a única emoção da vida nelas.

Tende piedade delas, Senhor, que uma me disse
Ter piedade de si mesma e de sua louca mocidade
E outra, à simples emoção do amor piedoso
Delirava e se desfazia em gozos de amor de carne.

Tende piedade delas, Senhor, que dentro delas
A vida fere mais fundo e mais fecundo
E o sexo está nelas, e o mundo está nelas
E a loucura reside nesse mundo.

Tende piedade, Senhor, das santas mulheres
Dos meninos velhos, dos homens humilhados — sede enfim
Piedoso com todos, que tudo merece piedade
E se piedade vos sobrar, Senhor, tende piedade de mim!

ELEGIA AO PRIMEIRO AMIGO

Seguramente não sou eu
Ou antes: não é o ser que eu sou, sem finalidade e sem história.
É antes uma vontade indizível de te falar docemente
De te lembrar tanta aventura vivida, tanto meandro de ternura
Neste momento de solidão e desmesurado perigo em que me
                                                    [encontro
Talvez seja o menino que um dia escreveu um soneto para o dia
                                                    [de teus anos
E te confessava um terrível pudor de amar, e que chorava às es-
                                                    [condidas
Porque via em muitos dúvidas sobre uma inteligência que ele
                                                    [estimava genial.
Seguramente não é a minha forma:
A forma que uma tarde, na montanha, entrevi, e que me fez tão
                                    [tristemente temer minha própria poesia.
É apenas um prenúncio do mistério
Um suspiro da morte íntima, ainda não desencantada...
Vim para ser lembrado
Para ser tocado de emoção, para chorar
Vim para ouvir o mar contigo
Como no tempo em que o sonho da mulher nos alucinava, e nós
Encontrávamos força para sorrir à luz fantástica da manhã.
Nossos olhos enegreciam lentamente de dor
Nossos corpos duros e insensíveis
Caminhavam léguas — e éramos o mesmo afeto
Para aquele que, entre nós, ferido de beleza
Aquele de rosto de pedra
De mãos assassinas e corpo hermético de mártir
Nos criava e nos destruía à sombra convulsa do mar.

Pouco importa que tenha passado, e agora
Eu te possa ver subindo e descendo os frios vales
Onde nunca mais irei, eu
Que muita vez neles me perdi para afrontar o medo da treva...
Trazes ao teu braço a companheira dolorosa
A quem te deste como quem se dá ao abismo, e para quem cantas
       [o teu desespero como um grande pássaro sem ar.
Tão bem te conheço, meu irmão; no entanto
Quem és, amigo, tu que inventaste a angústia
E abrigaste em ti todo o patético?
Não sei o que tenho de te falar assim: sei
Que te amo de uma poderosa ternura que nada pede nem dá
Imediata e silenciosa; sei que poderias morrer
E eu nada diria de grave; decerto
Foi a primavera temporã que desceu sobre o meu quarto de
       [mendigo
Com seu azul de outono, seu cheiro de rosas e de velhos livros...
Pensar-te agora na velha estrada me dá tanta saudade de mim
       [mesmo
Me renova tanta coisa, me traz à lembrança tanto instante vi-
       [vido:
Tudo isso que vais hoje revelar à tua amiga, e que nós descobri-
       [mos numa incomparável aventura
Que é como se me voltasse aos olhos a inocência com que um dia
       [dormi nos braços de uma mulher que queria me matar.
Evidentemente (e eu tenho pudor ainda de dizê-lo)
Quero um bem enorme a vocês dois, acho vocês formidáveis
Fosse tudo para dar em desastre no fim, o que não vejo possível
(Vá lá por conta da necessária gentileza...)
No entanto, delicadamente, me desprenderei da vossa compa-
       [nhia, deixar-me-ei ficar para trás, para trás...
Existo também; de algum lugar
Uma mulher me vê viver; de noite, às vezes
Escuto vozes ermas
Que me chamam para o silêncio.
Sofro

O horror dos espaços
O pânico do infinito
O tédio das beatitudes.
Sinto
Refazerem-se em mim mãos que decepei de meus braços
Que viveram sexos nauseabundos, seios em putrefação.
Ah, meu irmão, muito sofro! de algum lugar, na sombra
Uma mulher me vê viver... — perdi o meio da vida
E o equilíbrio da luz; sou como um pântano ao luar.

Falarei baixo
Para não perturbar tua amiga adormecida.
Serei delicado. Sou muito delicado. Morro de delicadeza.
Tudo me merece um olhar. Trago
Nos dedos um constante afago para afagar; na boca
Um constante beijo para beijar; meus olhos
Acarinham sem ver; minha barba é delicada na pele das mulheres.
Mato com delicadeza. Faço chorar delicadamente
E me deleito. Inventei o carinho dos pés; minha palma
Áspera de menino de ilha pousa com delicadeza sobre um corpo
[de adúltera.
Na verdade, sou um homem de muitas mulheres, e com todas
[delicado e atento
Se me entediam, abandono-as delicadamente, desprendendo-me
[delas com uma doçura de água
Se as quero, sou delicadíssimo; tudo em mim
Desprende esse fluido que as envolve de maneira irremissível
Sou um meigo energúmeno. Até hoje só bati numa mulher
Mas com singular delicadeza. Não sou bom
Nem mau: sou delicado. Preciso ser delicado
Porque dentro de mim mora um ser feroz e fratricida
Como um lobo. Se não fosse delicado
Já não seria mais. Ninguém me injuria
Porque sou delicado; também não conheço o dom da injúria.
Meu comércio com os homens é leal e delicado; prezo ao
[absurdo

A liberdade alheia; não existe
Ser mais delicado que eu; sou um místico da delicadeza
Sou um mártir da delicadeza; sou
Um monstro de delicadeza.

Seguramente não sou eu:
É a tarde, talvez, assim parada
Me impedindo de pensar. Ah, meu amigo
Quisera poder dizer-te tudo; no entanto
Preciso desprender-me de toda lembrança; de algum lugar
Uma mulher me vê viver, que me chama; devo
Segui-la, porque tal é o meu destino. Seguirei
Todas as mulheres em meu caminho, de tal forma
Que ele seja, em sua rota, uma dispersão de pegadas
Para o alto, e não me reste de tudo, ao fim
Senão o sentimento desta missão e o consolo de saber
Que fui amante, e que entre a mulher e eu alguma coisa existe
Maior que o amor e a carne, um secreto acordo, uma promessa
De socorro, de compreensão e de fidelidade para a vida.

A ÚLTIMA ELEGIA

```
     O              L
   O   F          E   S
 R       S     H           E
O           O F C           A
```

Greenish, newish roofs of Chelsea
Onde, merencórios, toutinegram rouxinóis
Forlornando baladas para nunca mais!
Ó imortal landscape

                 no anticlímax da aurora!

                    ô joy for ever!

Na hora da nossa morte et nunc et semper
Na minha vida em lágrimas!

                 uer ar iú

Ó fenesuites, calmo atlas do fog
Impassévido devorador das esterlúridas?
Darling, darkling I listen...

             "...it is, my soul, it is

Her gracious self..."

               murmura adormecida

É meu nome!...

          sou eu, sou eu, Nabucodonosor!

Motionless I climb

                    the wa
                         t
                         e
                         r
                    Am I p a Spider?
                         i
                    Am I p a Mirror?
                         e
                    Am I s an X Ray?

No, I'm the Three Musketeers
              rolled in a Romeo.
                    Vírus
Da alta e irreal paixão subindo as veias
Com que chegar ao coração da amiga.

                                                    Alas, celua

Me iluminou, celua me iludiu cantando
The songs of Los; e agora
                    meus passos
                         são gatos
Comendo o tempo em tuas cornijas
Em lúridas, muito lúridas
Aventuras do amor mediúnico e miaugente...
So I came
              — from the dark bull-like tower
                                        fantomática
Que à noite bimbalha bimbalalões de badaladas
Nos bem-bons da morte e ruge menstruosamente sádica
A sua sede de amor; so I came
De Menaipa para Forox, do rio ao mar — e onde
Um dia assassinei um cadáver aceso
Velado pelas seis bocas, pelos doze olhos, pelos centevinte dedos
                                                    [espalmados

Dos primeiros padres do mundo; so I came
For everlong that everlast — e deixa-me cantá-lo
A voz morna da retardosa rosa

Mornful and Beátrix
Obstétrix
Poésia.

*

Dost thou remember, dark love
Made in London, celua, celua nostra
Mais linda que mare nostrum?
                    quando early morn'
Eu vinha impressentido, like the shadow of a cloud
Crepitante ainda dos aromas emolientes de Christ Church
                                                    [Meadows
Frio como uma coluna dos cloisters de Magdalen
Queimar-me à luz translúcida de Chelsea?
Fear love...
                    ô brisa do Tâmisa, ô ponte de Waterloo, ô
Roofs of Chelsea, ô proctors, ô preposterous
Symbols of my eagerness!
            — terror no espaço!
                    — silêncio nos graveyards!
                            — fome dos braços teus!
Só Deus me escuta andar...
                    — ando sobre o coração de Deus
Em meio à flora gótica... step, step along
Along the High... "I don't fear anything
But the ghost of Oscar Wilde..." ...ô darlingest
I feared... A ESTAÇÃO DE TRENS... I had to post-pone
All my souvernirs! there was always a bowler-hat
Or a POLICEMAN around, a stretched one, a mighty
Goya, looking sort of put upon, cuja passada de cautchu
Era para mim como o bater do coração do silêncio (I used
To eat all the chocolates from the one-penny-machine
Just to look natural; it seemed to me que não era eu
Any more, era Jack the Ripper being hunted) e suddenly
Tudo ficava restful and warm... — o síííííííí
Lvo da Locomotiva — leitmotiv — locomovendo-se
Through the Ballad of READING Gaol até a visão de

PADDINGTON (quem foste tu tão grande
Para alevantares aos amanhecentes céus de amor
Os nervos de aço de Vercingetórix?). Eu olharia risonho
A Rosa-dos-Ventos. S. W. Loeste! no dédalo
Se acalentaria uma loenda de amigo: "I wish, I wish
I were asleep". Quoth I: — Ô squire
Please, à Estrada do Rei, na Casa do Pequeno Cisne
Room twenty four! ô squire, quick, before
My heart turns to whatever whatsoever sore!
Há um grande aluamento de microerosíferos
Em mim! ô squire, art thou in love? dost thou
Believe in pregnancy, kindly tell me? ô
Squire, quick, before alva turns to electra
For ever, ever more! give thy horses
Gasoline galore, but to take me to my maid
Minha garota — Lenore!
Quoth the driver: — Right you are, sir.

*

Ô roofs of Chelsea!
Encantados roofs, multicolores, briques, bridges, brumas
Da aurora em Chelsea! ô melancholy!
"I wish, I wish I were asleep..." but the morning
Rises, o perfume da madrugada em Londres
Makes me fluid... darling, darling, acorda, escuta
Amanheceu, não durmas... o bálsamo do sono
Fechou-te as pálpebras de azul... Victoria & Albert resplende
Para o teu despertar; ô darling, vem amar
À luz de Chelsea! não ouves o rouxinol cantar em Central Park?
Não ouves resvalar no rio, sob os chorões, o leve batel
Que Bilac deitou à correnteza para eu te passear? não sentes
O vento brando e macio nos mahoganies? the leaves of brown
Came thumbling down, remember?
"Escrevi dez canções...
                    ... escrevi um soneto...

     ... escrevi uma elegia..."
Ô darling, acorda, give me thy eyes of brown, vamos fugir
Para a Inglaterra?
     "... escrevi um soneto...
       ... escrevi uma carta..."
Ô darling, vamos fugir para a Inglaterra?
      "... que irão pensar
Os quatro cavaleiros do Apocalipse..."
      "... escrevi uma ode..."
Ô darling!
   Ô PAVEMENTS!
    Ô roofs of Chelsea!
Encantados roofs, noble pavements, cheerful pubs, delicatessen
Crumpets, a glass of bitter, cap and gown... — don't cry, don't
             [cry!
Nothing is lost, I'll come again, next week, I promise thee...
Be still, don't cry...
    ... don't cry
    ... don't cry
      RESOUND
Ye pavements!
    — até que a morte nos separe —
        ó brisas do Tâmisa, farfalhai!
Ó telhados de Chelsea,
   amanhecei!

O FALSO MENDIGO

Minha mãe, manda comprar um quilo de papel almaço na venda
Quero fazer uma poesia.
Diz a Amélia para preparar um refresco bem gelado
E me trazer muito devagarinho.
Não corram, não falem, fechem todas as portas a chave
Quero fazer uma poesia.
Se me telefonarem, só estou para Maria
Se for o ministro, só recebo amanhã
Se for um trote, me chama depressa
Tenho um tédio enorme da vida.
Diz a Amélia para procurar a *Patética* no rádio
Se houver um grande desastre vem logo contar
Se o aneurisma de dona Ângela arrebentar, me avisa
Tenho um tédio enorme da vida.
Liga para vovó Neném, pede a ela uma ideia bem inocente
Quero fazer uma grande poesia.
Quando meu pai chegar tragam-me logo os jornais da tarde
Se eu dormir, pelo amor de Deus, me acordem
Não quero perder nada na vida.
Fizeram bicos de rouxinol para o meu jantar?
Puseram no lugar meu cachimbo e meus poetas?
Tenho um tédio enorme da vida.
Minha mãe estou com vontade de chorar
Estou com taquicardia, me dá um remédio
Não, antes me deixa morrer, quero morrer, a vida
Já não me diz mais nada
Tenho horror da vida, quero fazer a maior poesia do mundo
Quero morrer imediatamente.
Fala com o presidente para fecharem todos os cinemas

Não aguento mais ser censor.
Ah, pensa uma coisa, minha mãe, para distrair teu filho
Teu falso, teu miserável, teu sórdido filho
Que estala em força, sacrifício, violência, devotamento
Que podia britar pedra alegremente
Ser negociante cantando
Fazer advocacia com o sorriso exato
Se com isso não perdesse o que por fatalidade de amor
Sabe ser o melhor, o mais doce e o mais eterno da tua puríssima
[carícia.

SONETO DE INTIMIDADE

Nas tardes da fazenda há muito azul demais.
Eu saio às vezes, sigo pelo pasto, agora
Mastigando um capim, o peito nu de fora
No pijama irreal de há três anos atrás.

Desço o rio no vau dos pequenos canais
Para ir beber na fonte a água fria e sonora
E se encontro no mato o rubro de uma amora
Vou cuspindo-lhe o sangue em torno dos currais.

Fico ali respirando o cheiro bom do estrume
Entre as vacas e os bois que me olham sem ciúme
E quando por acaso uma mijada ferve

Seguida de um olhar não sem malícia e verve
Nós todos, animais, sem comoção nenhuma
Mijamos em comum numa festa de espuma.

Campo Belo, 1937

ÁRIA PARA ASSOVIO

Inelutavelmente tu
Rosa sobre o passeio
Branca! e a melancolia
Na tarde do seio.

As cássias escorrem
Seu ouro a teus pés
Conheço o soneto
Porém tu quem és?

O madrigal se escreve:
Se é do teu costume
Deixa que eu te leve.

(Sê... mínima e breve
A música do perfume
Não guarda ciúme.)

Rio, 1936

SONETO À LUA

Por que tens, por que tens olhos escuros
E mãos lânguidas, loucas e sem fim
Quem és, que és tu, não eu, e estás em mim
Impuro, como o bem que está nos puros?

Que paixão fez-te os lábios tão maduros
Num rosto como o teu criança assim
Quem te criou tão boa para o ruim
E tão fatal para os meus versos duros?

Fugaz, com que direito tens-me presa
A alma que por ti soluça nua
E não és Tatiana e nem Teresa:

E és tão pouco a mulher que anda na rua
Vagabunda, patética, indefesa
Ó minha branca e pequenina lua!

Rio, 1938

SONETO DE AGOSTO

Tu me levaste, eu fui... Na treva, ousados
Amamos, vagamente surpreendidos
Pelo ardor com que estávamos unidos
Nós que andávamos sempre separados.

Espantei-me, confesso-te, dos brados
Com que enchi teus patéticos ouvidos
E achei rude o calor dos teus gemidos
Eu que sempre os julgara desolados.

Só assim arrancara a linha inútil
Da tua eterna túnica inconsútil...
E para a glória do teu ser mais franco

Quisera que te vissem como eu via
Depois, à luz da lâmpada macia
O púbis negro sobre o corpo branco.

Oxford, 1938

A MULHER QUE PASSA

Meu Deus, eu quero a mulher que passa.
Seu dorso frio é um campo de lírios
Tem sete cores nos seus cabelos
Sete esperanças na boca fresca!

Oh! Como és linda, mulher que passas
Que me sacias e suplicias
Dentro das noites, dentro dos dias!

Teus sentimentos são poesia
Teus sofrimentos, melancolia.
Teus pelos leves são relva boa
Fresca e macia.
Teus belos braços são cisnes mansos
Longe das vozes da ventania.

Meus Deus, eu quero a mulher que passa!

Como te adoro, mulher que passas
Que vens e passas, que me sacias
Dentro das noites, dentro dos dias!
Por que me faltas, se te procuro?
Por que me odeias quando te juro
Que te perdia se me encontravas
E me encontrava se te perdias?

Por que não voltas, mulher que passas?
Por que não enches a minha vida?
Por que não voltas, mulher querida

Sempre perdida, nunca encontrada?
Por que não voltas à minha vida
Para o que sofro não ser desgraça?

Meu Deus, eu quero a mulher que passa!
Eu quero-a agora, sem mais demora
A minha amada mulher que passa!

No santo nome do teu martírio
Do teu martírio que nunca cessa
Meu Deus, eu quero, quero depressa
A minha amada mulher que passa!

Que fica e passa, que pacifica
Que é tanto pura como devassa
Que boia leve como a cortiça
E tem raízes como a fumaça.

SONETO A KATHERINE MANSFIELD

O teu perfume, amada — em tuas cartas
Renasce, azul... — são tuas mãos sentidas!
Relembro-as brancas, leves, fenecidas
Pendendo ao longo de corolas fartas.

Relembro-as, vou... nas terras percorridas
Torno a aspirá-lo, aqui e ali desperto
Paro; e tão perto sinto-te, tão perto
Como se numa foram duas vidas.

Pranto, tão pouca dor! tanto quisera
Tanto rever-te, tanto!... e a primavera
Vem já tão próxima!... (Nunca te apartas

Primavera, dos sonhos e das preces!)
E no perfume preso em tuas cartas
À primavera surges e esvaneces.

Rio, 1937

BALADA PARA MARIA

Não sei o que me angustia
Tardiamente; em meu peito
Vive dormindo perfeito
O sono desta agonia...
Saudades tuas, Maria?
Na volúpia de uma flora
Úmida, pecaminosa
Nasceu a primeira rosa
Fria...

Perdi o prazer da hora.

Mas se num momento cresce
O sangue, e me engrossa a veia
Maria, que coisa feia!
Todo o meu corpo estremece...
E dos colmos altos, ricos
Em resinas odorantes
Pressinto o coito dos micos
E o amor das cobras possantes.

No mundo há tantos amantes...

Maria...
Cantar-te-ei brasileiro:
Maria, sou teu escravo!
A rosa é a mulher do cravo...
Dá-me o beijo derradeiro?
— Cobrir-te-ei da pomada

Do pólen das flores puras
E te fecundarei deitada
Num chão de frutas maduras

Maria... e morangos, quantos!
E tu que adoras morango!
Dormirás sobre agapantos...
— Fingirei de orangotango!

Não queres mesmo, Maria?

No lombo morno dos gatos
Aprendi muita carícia...
Para fazer-te a delícia
Só terei gestos exatos.

E não bastasse, Maria...

E morro nessas montanhas
Entre as imagens castanhas
Da tua melancolia...

SONETO DE CONTRIÇÃO

Eu te amo, Maria, te amo tanto
Que o meu peito me dói como em doença
E quanto mais me seja a dor intensa
Mais cresce na minha alma teu encanto.

Como a criança que vagueia o canto
Ante o mistério da amplidão suspensa
Meu coração é um vago de acalanto
Berçando versos de saudade imensa.

Não é maior o coração que a alma
Nem melhor a presença que a saudade
Só te amar é divino, e sentir calma...

E é uma calma tão feita de humildade
Que tão mais te soubesse pertencida
Menos seria eterno em tua vida.

Rio, 1938

TERNURA

Eu te peço perdão por te amar de repente
Embora o meu amor seja uma velha canção nos teus ouvidos
Das horas que passei à sombra dos teus gestos
Bebendo em tua boca o perfume dos sorrisos
Das noites que vivi acalentado
Pela graça indizível dos teus passos eternamente fugindo
Trago a doçura dos que aceitam melancolicamente.
E posso te dizer que o grande afeto que te deixo
Não traz o exaspero das lágrimas nem a fascinação das promessas
Nem as misteriosas palavras dos véus da alma...
É um sossego, uma unção, um transbordamento de carícias
E só te pede que te repouses quieta, muito quieta
E deixes que as mãos cálidas da noite encontrem sem fatalidade
                                    [o olhar extático da aurora.

SONETO DE DEVOÇÃO

Essa mulher que se arremessa, fria
E lúbrica aos meus braços, e nos seios
Me arrebata e me beija e balbucia
Versos, votos de amor e nomes feios.

Essa mulher, flor de melancolia
Que se ri dos meus pálidos receios
A única entre todas a quem dei
Os carinhos que nunca a outra daria.

Essa mulher que a cada amor proclama
A miséria e a grandeza de quem ama
E guarda a marca dos meus dentes nela.

Essa mulher é um mundo! — uma cadela
Talvez... — mas na moldura de uma cama
Nunca mulher nenhuma foi tão bela!

SONETO DE FIDELIDADE

De tudo, ao meu amor serei atento
Antes, e com tal zelo, e sempre, e tanto
Que mesmo em face do maior encanto
Dele se encante mais meu pensamento.

Quero vivê-lo em cada vão momento
E em seu louvor hei de espalhar meu canto
E rir meu riso e derramar meu pranto
Ao seu pesar ou seu contentamento.

E assim, quando mais tarde me procure
Quem sabe a morte, angústia de quem vive
Quem sabe a solidão, fim de quem ama

Eu possa me dizer do amor (que tive):
Que não seja imortal, posto que é chama
Mas que seja infinito enquanto dure.

Estoril, outubro, 1939

POEMA PARA TODAS AS MULHERES

No teu branco seio eu choro.
Minhas lágrimas descem pelo teu ventre
E se embebedam do perfume do teu sexo.
Mulher, que máquina és, que só me tens desesperado
Confuso, criança para te conter!
Oh, não feches os teus braços sobre a minha tristeza, não!
Ah, não abandones a tua boca à minha inocência, não!
Homem sou belo
Macho sou forte, poeta sou altíssimo
E só a pureza me ama e ela é em mim uma cidade e tem mil e
                                                    [uma portas.
Ai! teus cabelos recendem à flor da murta
Melhor seria morrer ou ver-te morta
E nunca, nunca poder te tocar!
Mas, fauno, sinto o vento do mar roçar-me os braços
Anjo, sinto o calor do vento nas espumas
Passarinho, sinto o ninho nos teus pelos...
Correi, correi, ó lágrimas saudosas
Afogai-me, tirai-me deste tempo
Levai-me para o campo das estrelas
Entregai-me depressa à lua cheia
Dai-me o poder vagaroso do soneto, dai-me a iluminação das
                            [odes, dai-me o cântico dos cânticos
Que eu não posso mais, ai!
Que esta mulher me devora!
Que eu quero fugir, quero a minha mãezinha, quero o colo de
                                            [Nossa Senhora!

A MORTE

A morte vem de longe
Do fundo dos céus
Vem para os meus olhos
Virá para os teus
Desce das estrelas
Das brancas estrelas
As loucas estrelas
Trânsfugas de Deus
Chega impressentida
Nunca inesperada
Ela que é na vida
A grande esperada!
A desesperada
Do amor fratricida
Dos homens, ai! dos homens
Que matam a morte
Por medo da vida.

A PARTIDA

Quero ir-me embora pra estrela
Que vi luzindo no céu
Na várzea do setestrelo.
Sairei de casa à tarde
Na hora crepuscular
Em minha rua deserta
Nem uma janela aberta
Ninguém para me espiar
De vivo verei apenas
Duas mulheres serenas
Me acenando devagar.
Será meu corpo sozinho
Que há de me acompanhar
Que a alma estará vagando
Entre os amigos, num bar.
Ninguém ficará chorando
Que mãe já não terei mais
E a mulher que outrora tinha
Mais que ser minha mulher
É mãe de uma filha minha.
Irei embora sozinho
Sem angústia nem pesar
Antes contente da vida
Que não pedi, tão sofrida
Mas não perdi por ganhar.
Verei a cidade morta
Ir ficando para trás
E em frente se abrirem campos
Em flores e pirilampos

Como a miragem de tantos
Que tremeluzem no alto.
Num ponto qualquer da treva
Um vento me envolverá
Sentirei a voz molhada
Da noite que vem do mar
Chegar-me-ão falas tristes
Como a querer me entristar
Mas não serei mais lembrança
Nada me surpreenderá:
Passarei lúcido e frio
Compreensivo e singular
Como um cadáver num rio
E quando, de algum lugar
Chegar-me o apelo vazio
De uma mulher a chorar
Só então me voltarei
Mas nem adeus lhe darei
No oco raio estelar
Libertado subirei.

MARINHA

Na praia de coisas brancas
Abrem-se às ondas cativas
Conchas brancas, coxas brancas
    Águas-vivas.

Aos mergulhares do bando
Afloram perspectivas
Redondas, se aglutinando
    Volitivas.

E as ondas de pontas roxas
Vão e vêm, verdes e esquivas
Vagabundas, como frouxas
    Entre vivas!

OS ACROBATAS

Subamos!
Subamos acima
Subamos além, subamos
Acima do além, subamos!
Com a posse física dos braços
Inelutavelmente galgaremos
O grande mar de estrelas
Através de milênios de luz.

Subamos!
Como dois atletas
O rosto petrificado
No pálido sorriso do esforço
Subamos acima
Com a posse física dos braços
E os músculos desmesurados
Na calma convulsa da ascensão.

Oh, acima
Mais longe que tudo
Além, mais longe que acima do além!
Como dois acrobatas
Subamos, lentíssimos
Lá onde o infinito
De tão infinito
Nem mais nome tem
Subamos!

Tensos

Pela corda luminosa
Que pende invisível
E cujos nós são astros
Queimando nas mãos
Subamos à tona
Do grande mar de estrelas
Onde dorme a noite
Subamos!

Tu e eu, herméticos
As nádegas duras
A carótida nodosa
Na fibra do pescoço
Os pés agudos em ponta

Como no espasmo.

E quando
Lá, acima
Além, mais longe que acima do além
Adiante do véu de Betelgeuse
Depois do país de Altair
Sobre o cérebro de Deus

Num último impulso
Libertados do espírito
Despojados da carne
Nós nos possuiremos.

E morreremos
Morreremos alto, imensamente
IMENSAMENTE ALTO.

PAISAGEM

Subi a alta colina
Para encontrar a tarde
Entre os rios cativos
A sombra sepultava o silêncio.

Assim entrei no pensamento
Da morte minha amiga
Ao pé de grande montanha
Do outro lado do poente.

Como tudo nesse momento
Me pareceu plácido e sem memória
Foi quando de repente uma menina
De vermelho surgiu no vale correndo, correndo...

BALADA DO CAVALÃO

A tarde morre bem tarde
No morro do Cavalão...
Tem um poder de sossego.
Dentro do meu coração
Quanto sangue derramado!

Balança, rede, balança...

Susana deixou minha alma
Numa grande confusão
Seu berço ficou vazio
No morro do Cavalão:
Pequena estrela da tarde.

Ah, gosto da minha vida
Sangue da minha paixão!

Levou o anjo o outro anjo
Da saudade de seu pai
Susana foi de avião
Com quinze dias de idade
Batendo todos os recordes!

Que tarde que a tarde cai!

Poeta, diz teu anseio
Que o santo te satisfaz:
Queria fazer mais um filho
Queria tanto ser pai!

Voam cardumes de aves
No cristal rosa do ar.
Vontade de ser levado
Pelas correntes do mar
Para um grande mar de sangue!

E a vida passa depressa
No morro do Cavalão
Entre tantas flores, tantas
Flores tontas, parasitas
Parasitas da nação.

Quanta garrafa vazia
Quanto limão pelo chão!

Menina, me diz um verso
Bem cheio de ingratidão?
— Era uma vez um poeta
No morro do Cavalão
Tantas fez que a dor-de-corno
Bateu com ele no chão
Arrastou ele nas pedras
Espremeu seu coração
Que pensa *usted* que saiu?
Saiu cachaça e limão.

Susana nasceu morena
E é Mello Moraes também:
É minha filha pequena
Tão boa de querer bem!

Oh, Saco de São Francisco
Que eu avisto a cavaleiro
Do morro do Cavalão!
(O Saco de São Francisco
Xavier não chama não

Há de ser sempre de Assis:
São Francisco Xavier
É nome de uma estação)
Onde está minha alegria
Meus amores onde estão?

A casa das mil janelas
É a casa do meu irmão
Lá dentro me esperam elas
Que dormem cedo com medo
Da *trinca* do Cavalão.

Balança, rede, balança...

CANÇÃO

Não leves nunca de mim
A filha que tu me deste
A doce, úmida, tranquila
Filhinha que tu me deste
Deixa-a, que bem me persiga
Seu balbucio celeste.
Não leves; deixa-a comigo
Que bem me persiga, a fim
De que eu não queira comigo
A primogênita em mim
A fria, seca, encruada
Filha que a morte me deu
Que vive dessedentada
Do leite que não é seu
E que de noite me chama
Com a voz mais triste que há
E pra dizer que me ama
E pra chamar-me de pai.
Não deixes nunca partir
A filha que tu me deste
A fim de que eu não prefira
A outra, que é mais agreste
Mas que não parte de mim.

QUATRO SONETOS DE MEDITAÇÃO

I

Mas o instante passou. A carne nova
Sente a primeira fibra enrijecer
E o seu sonho infinito de morrer
Passa a caber no berço de uma cova.

Outra carne virá. A primavera
É carne, o amor é seiva eterna e forte
Quando o ser que viveu unir-se à morte
No mundo uma criança nascerá.

Importará jamais por quê? Adiante
O poema é translúcido, e distante
A palavra que vem do pensamento

Sem saudade. Não ter contentamento.
Ser simples como o grão de poesia
E íntimo como a melancolia.

II

Uma mulher me ama. Se eu me fosse
Talvez ela sentisse o desalento
Da árvore jovem que não ouve o vento
Inconstante e fiel, tardio e doce

Na sua tarde em flor. Uma mulher
Me ama como a chama ama o silêncio

E o seu amor vitorioso vence
O desejo da morte que me quer.

Uma mulher me ama. Quando o escuro
Do crepúsculo mórbido e maduro
Me leva a face ao gênio dos espelhos

E eu, moço, busco em vão meus olhos velhos
Vindos de ver a morte em mim divina:
Uma mulher me ama e me ilumina.

III

O efêmero. Ora, um pássaro no vale
Cantou por um momento, outrora, mas
O vale escuta ainda envolto em paz
Para que a voz do pássaro não cale.

E uma fonte futura, hoje primária
No seio da montanha, irromperá
Fatal, da pedra ardente, e levará
À voz a melodia necessária.

O efêmero. E mais tarde, quando antigas
Se fizerem as flores, e as cantigas
A uma nova emoção morrerem, cedo

Quem conhecer o vale e o seu segredo
Nem sequer pensará na fonte, a sós...
Porém o vale há de escutar a voz.

IV

Apavorado acordo, em treva. O luar
É como o espectro do meu sonho em mim

E sem destino, e louco, sou o mar
Patético, sonâmbulo e sem fim.

Desço na noite, envolto em sono; e os braços
Como ímãs, atraio o firmamento
Enquanto os bruxos, velhos e devassos
Assoviam de mim na voz do vento.

Sou o mar! sou o mar! meu corpo informe
Sem dimensão e sem razão me leva
Para o silêncio onde o Silêncio dorme

Enorme. E como o mar dentro da treva
Num constante arremesso largo e aflito
Eu me espedaço em vão contra o infinito.

Oxford, 1938

O RISO

Aquele riso foi o canto célebre
Da primeira estrela, em vão.
Milagre de primavera intacta
No sepulcro de neve
Rosa aberta ao vento, breve
Muito breve...

Não, aquele riso foi o canto célebre
Alta melodia imóvel
Gorjeio de fonte núbil
Apenas brotada, na treva...
Fonte de lábios (hora
Extremamente mágica do silêncio das aves).

Oh, música entre pétalas
Não afugentes meu amor!
Mistério maior é o sono
Se de súbito não se ouve o riso na noite.

PESCADOR

Pescador, onde vais pescar esta noitada:
Nas Pedras Brancas ou na ponte da praia do Barão?
Está tão preto que eu não te vejo, pescador, apenas
Ouço a água ponteando no peito da tua canoa...

Vai em silêncio, pescador, para não chamar as almas
Se ouvires o grito da procelária, volta, pescador!
Se ouvires o sino do farol das Feiticeiras, volta, pescador!
Se ouvires o choro da suicida da usina, volta, pescador!

Traz uma tainha gorda para Maria Mulata
Vai com Deus! daqui a instante a sardinha sobe
Mas toma cuidado com o cação e com o boto nadador
E com o polvo que te enrola feito a palavra, pescador!

Por que vais sozinho, pescador, que fizeste do teu remorso
Não foste tu que navalhaste Juca Diabo na cal da caieira?
Me contaram, pescador, que ele tinha sangue tão grosso
Que foi preciso derramar cachaça na tua mão vermelha, pes-
                                                    [cador.

Pescador, tu és homem, hem, pescador? que é de Palmira?
Ficou dormindo? eu gosto de tua mulher Palmira, pescador!
Ela tem ruga mas é bonita, ela carrega lata d'água
E ninguém sabe por que ela não quer ser portuguesa, pescador...

Ouve, eu não peço nada do mundo, eu só queria a estrela-d'alva
Porque ela sorri mesmo antes de nascer, na madrugada...
Oh, vai no horizonte, pescador, com tua vela tu vais depressa
E quando ela vier à tona, pesca ela para mim depressa, pescador?

Ah, que tua canoa é leve, pescador; na água
Ela até me lembra meu corpo no corpo de Cora Marina
Tão grande era Cora Marina que eu até dormi nela
E ela também dormindo nem me sentia o peso, pescador...

Ah, que tu és poderoso, pescador! caranguejo não te morde
Marisco não te corta o pé, ouriço-do-mar não te pica
Ficas minuto e meio mergulhado em grota de mar adentro
E quando sobes tens peixe na mão esganado, pescador!

É verdade que viste alma na ponta da Amendoeira
E que ela atravessou a praça e entrou nas obras da igreja velha?
Ah, que tua vida tem caso, tem caso, pescador, tem caso
E tu nem dás caso da tua vida, pescador...

Tu vês no escuro, pescador, tu sabes o nome dos ventos?
Por que ficas tanto tempo olhando no céu sem lua?
Quando eu olho no céu fico tonto de tanta estrela
E vejo uma mulher nua que vem caindo na minha vertigem, pes-
                                                    [cador.

Tu já viste mulher nua, pescador: um dia eu vi Negra nua
Negra dormindo na rede, dourada como a soalheira
Tinha duas roxuras nos peitos e um vasto negrume no sexo
E a boca molhada e uma perna calçada de meia, pescador...

Não achas que a mulher parece com a água, pescador?
Que os peitos dela parecem ondas sem espuma?
Que o ventre parece a areia mole do fundo?
Que o sexo parece a concha marinha entreaberta, pescador?

Esquece a minha voz, pescador, que eu nunca fui inocente!
Teu remo fende a água redonda com um tremor de carícia
Ah, pescador, que as vagas são peitos de mulheres boiando à tona
Vai devagar, pescador, a água te dá carinhos indizíveis, pescador!

És tu que acendes teu cigarro de palha no isqueiro de corda
Ou é a luz da boia boiando na entrada do recife, pescador?
Meu desejo era apenas ser segundo no leme da tua canoa
Trazer peixe fresco e manga-rosa da Ilha Verde, pescador!

Ah, pescador, que milagre maior que a tua pescaria!
Quando lanças tua rede lanças teu coração com ela, pescador!
Teu anzol é brinco irresistível para o peixinho
Teu arpão é mastro firme no casco do pescado, pescador!

Toma castanha de caju torrada, toma aguardente de cana
Que sonho de matar peixe te rouba assim a fome, pescador?
Toma farinha torrada para a tua sardinha, toma, pescador
Senão ficas fraco do peito que nem teu pai Zé Pescada, pesca-
[dor...

Se estás triste eu vou buscar Joaquim, o poeta português
Que te diz o verso da mãe que morreu três vezes por causa do
[filho na guerra
Na terceira vez ele sempre chora, pescador, é engraçado
E arranca os cabelos e senta na areia e espreme a bicheira do pé.

Não fiques triste, pescador, que mágoa não pega peixe.
Deixa a mágoa para o Sandoval que é soldado e brigou com a
[noiva
Que pegou brasa do fogo só para esquecer a dor da ingrata
E tatuou o peito com a cobra do nome dela, pescador.

Tua mulher Palmira é santa, a voz dela parece reza
O olhar dela é mais grave que a hora depois da tarde
Um dia, cansada de trabalhar, ela vai se estirar na enxerga
Vai cruzar as mãos no peito, vai chamar a morte e descansar...

Deus te leve, Deus te leve perdido por essa vida...
Ah, pescador, tu pescas a morte, pescador

Mas toma cuidado que de tanto pescares a morte
Um dia a morte também te pesca, pescador!

Tens um branco de luz nos teus cabelos, pescador:
É a aurora? oh, leva-me na aurora, pescador!
Quero banhar meu coração na aurora, pescador!
Meu coração negro de noite sem aurora, pescador!

Não vás ainda, escuta! eu te dou o bentinho de São Cristóvão
Eu te dou o escapulário da Ajuda, eu te dou ripa da barca santa
Quando Vênus sair das sombras não quero ficar sozinho
Não quero ficar cego, não quero morrer apaixonado, pescador!

Ouve o canto misterioso das águas no firmamento...
É a alvorada, pescador, a inefável alvorada
A noite se desincorpora, pescador, em sombra
E a sombra em névoa e madrugada, pescador!

Vai, vai, pescador, filho do vento, irmão da aurora
És tão belo que nem sei se existes, pescador!
Teu rosto tem rugas para o mar onde deságua
O pranto com que matas a sede de amor do mar!

Apenas te vejo na treva que se desfaz em brisa
Vais seguindo serenamente pelas águas, pescador
Levas na mão a bandeira branca da vela enfunada
E chicoteias com o anzol a face invisível do céu.

SONETO DE DESPEDIDA

Uma lua no céu apareceu
Cheia e branca; foi quando, emocionada
A mulher a meu lado estremeceu
E se entregou sem que eu dissesse nada.

Larguei-as pela jovem madrugada
Ambas cheias e brancas e sem véu
Perdida uma, a outra abandonada
Uma nua na terra, outra no céu.

Mas não partira delas; a mais louca
Apaixonou-me o pensamento; dei-o
Feliz — eu de amor pouco e vida pouca

Mas que tinha deixado em meu enleio
Um sorriso de carne em sua boca
Uma gota de leite no seu seio.

Rio, 1940

SINOS DE OXFORD

Cantai, sinos, sinos
Cantai pelo ar
Que tão puros, nunca
Mais ireis cantar
Cantai leves, leves
E logo vibrantes
Cantai aos amantes
E aos que vão amar.

Levai vossos cantos
Às ondas do mar
E saudai as aves
Que vêm de arribar
Em bandos, em bandos
Sozinhas, do além
Oh, aves! ó sinos
Arribai também!

Sinos! dóceis, doces
Almas de sineiros
Brancos peregrinos
Do céu, companheiros
Indeléveis! rindo
Rindo sobre as águas
Do rio fugindo...
Consolai-me as mágoas!

Consolai-me as mágoas
Que não passam mais

Minhas pobres mágoas
De quem não tem paz.
Ter paz... tenho tudo
De bom e de bem...
Respondei-me, sinos:
A morte já vem?

TRECHO

Quem foi, perguntou o Celo
Que me desobedeceu?
Quem foi que entrou no meu reino
E em meu ouro remexeu?
Quem foi que pulou meu muro
E minhas rosas colheu?
Quem foi, perguntou o Celo
E a Flauta falou: Fui eu.

Mas quem foi, a Flauta disse
Que no meu quarto surgiu?
Quem foi que me deu um beijo
E em minha cama dormiu?
Quem foi que me fez perdida
E que me desiludiu?
Quem foi, perguntou a Flauta
E o velho Celo sorriu.

MAR

Na melancolia de teus olhos
Eu sinto a noite se inclinar
E ouço as cantigas antigas
      Do mar.

Nos frios espaços de teus braços
Eu me perco em carícias de água
E durmo escutando em vão
      O silêncio.

E anseio em teu misterioso seio
Na atonia das ondas redondas
Náufrago entregue ao fluxo forte
      Da morte.

BALADA DA PRAIA DO VIDIGAL

A lua foi companheira
Na praia do Vidigal
Não surgiu, mas mesmo oculta
Nos recordou seu luar
Teu ventre de maré-cheia
Vinha em ondas me puxar
Eram-me os dedos de areia
Eram-te os lábios de sal.

Na sombra que ali se inclina
Do rochedo em miramar
Eu soube te amar, menina
Na praia do Vidigal...
Havia tanto silêncio
Que para o desencantar
Nem meus clamores de vento
Nem teus soluços de água.
Minhas mãos te confundiam
Com a fria areia molhada
Vencendo as mãos dos alísios
Nas ondas da tua saia.
Meu olhos baços de brumas
Junto aos teus olhos de alga
Viam-te envolta de espumas
Como a menina afogada.
E que doçura entregar-me
Àquela mole de peixes
Cegando-te o olhar vazio
Com meu cardume de beijos!

Muito lutamos, menina
Naquele pego selvagem
Entre areias assassinas
Junto ao rochedo da margem.
Três vezes submergiste
Três vezes voltaste à flor
E te afogaras não fossem
As redes do meu amor.
Quando voltamos, a noite
Parecia em tua face
Tinhas vento em teus cabelos
Gotas d'agua em tua carne.
No verde lençol da areia
Um marco ficou cravado
Moldando a forma de um corpo
No meio da cruz de uns braços.
Talvez que o marco, criança
Já o tenha lavado o mar
Mas nunca leva a lembrança
Daquela noite de amores
Na praia do Vidigal.

SONETO DE LONDRES

Que angústia estar sozinho na tristeza
E na prece! que angústia estar sozinho
Imensamente, na inocência! acesa
A noite, em brancas trevas o caminho

Da vida, e a solidão do burburinho
Unindo as almas frias à beleza
Da neve vã; oh, tristemente assim
O sonho, neve pela natureza!

Irremediável, muito irremediável
Tanto como essa torre medieval
Cruel, pura, insensível, inefável

Torre; que angústia estar sozinho! ó alma
Que ideal perfume, que fatal
Torpor te despetala a flor do céu?

Londres, 1939

CÂNTICO

Não, tu não és um sonho, és a existência
Tens carne, tens fadiga e tens pudor
No calmo peito teu. Tu és a estrela
Sem nome, és a morada, és a cantiga
Do amor, és luz, és lírio, namorada!
Tu és todo o esplendor, o último claustro
Da elegia sem fim, anjo! mendiga
Do triste verso meu. Ah, fosses nunca
Minha, fosses a ideia, o sentimento
Em mim, fosses a aurora, o céu da aurora
Ausente, amiga, eu não te perderia!
Amada! onde te deixas, onde vagas
Entre as vagas flores? e por que dormes
Entre os vagos rumores do mar? Tu
Primeira, última, trágica, esquecida
De mim! És linda, és alta! és sorridente
És como o verde do trigal maduro
Teus olhos têm a cor do firmamento
Céu castanho da tarde — são teus olhos!
Teu passo arrasta a doce poesia
Do amor! prende o poema em forma e cor
No espaço; para o astro do poente
És o levante; és o Sol! eu sou o gira
O gira, o girassol. És a soberba
Também, a jovem rosa purpurina
És rápida também, como a andorinha!
Doçura! lisa e murmurante... a água
Que corre no chão morno da montanha
És tu; tens muitas emoções; o pássaro

Do trópico inventou teu meigo nome
Duas vezes, de súbito encantado!
Dona do meu amor! sede constante
Do meu corpo de homem! melodia
Da minha poesia extraordinária!
Por que me arrastas? por que me fascinas?
Por que me ensinas a morrer? teu sonho
Me leva o verso à sombra e à claridade.
Sou teu irmão, és minha irmã; padeço
De ti, sou teu cantor humilde e terno
Teu silêncio, teu trêmulo sossego
Triste, onde se arrastam nostalgias
Melancólicas, ah, tão melancólicas...
Amiga, entra de súbito, pergunta
Por mim, se eu continuo a amar-te; ri
Esse riso que é tosse de ternura
Carrega-me em teu seio, louca! sinto
A infância em teu amor! cresçamos juntos
Como se fora agora, e sempre; demos
Nomes graves às coisas impossíveis
Recriemos a mágica do sonho
Lânguida! ah, que o destino nada pode
Contra esse teu langor; és o penúltimo
Lirismo! encosta a tua face fresca
Sobre o meu peito nu, ouves? é cedo
Quanto mais tarde for, mais cedo! a calma
É o último suspiro da poesia
O mar é nosso, a rosa tem seu nome
E recende mais pura ao seu chamado.
Julieta! Carlota! Beatriz!
Oh, deixa-me brincar, que te amo tanto
Que se não brinco, choro, e desse pranto
Desse pranto sem dor que é o único amigo
Das horas más em que não estás comigo.

A UM PASSARINHO

Para que vieste
Na minha janela
Meter o nariz?
Se foi por um verso
Não sou mais poeta
Ando tão feliz!
Se é para uma prosa
Não sou Anchieta
Nem venho de Assis.

Deixa-te de histórias
Some-te daqui!

A ESTRELA POLAR

Eu vi a estrela polar
Chorando em cima do mar
Eu vi a estrela polar
Nas costas de Portugal!

Desde então não seja Vênus
A mais pura das estrelas
A estrela polar não brilha
Se humilha no firmamento
Parece uma criancinha
Enjeitada pelo frio
Estrelinha franciscana
Teresinha, mariana
Perdida no Polo Norte
De toda a tristeza humana.

SONETO DO MAIOR AMOR

Maior amor nem mais estranho existe
Que o meu, que não sossega a coisa amada
E quando a sente alegre, fica triste
E se a vê descontente, dá risada.

E que só fica em paz se lhe resiste
O amado coração, e que se agrada
Mais da eterna aventura em que persiste
Que de uma vida mal-aventurada.

Louco amor meu, que quando toca, fere
E quando fere vibra, mas prefere
Ferir a fenecer — e vive a esmo

Fiel à sua lei de cada instante
Desassombrado, doido, delirante
Numa paixão de tudo e de si mesmo.

Oxford, 1938

IMITAÇÃO DE RILKE

Alguém que me espia do fundo da noite
Com olhos imóveis brilhando na noite
Me quer.

Alguém que me espia do fundo da noite
(Mulher que me ama, perdida na noite?)
Me chama.

Alguém que me espia do fundo da noite
(És tu, Poesia, velando na noite?)
Me quer.

Alguém que me espia do fundo da noite
(Também chega a Morte dos ermos da noite...)
Quem é?

BALADA DO ENTERRADO VIVO

Na mais medonha das trevas
Acabei de despertar
Soterrado sob um túmulo.
De nada chego a lembrar
Sinto meu corpo pesar
Como se fosse de chumbo.
Não posso me levantar
Debalde tentei clamar
Aos habitantes no mundo.
Tenho um minuto de vida
Em breve estará perdida
Quando eu quiser respirar.

Meu caixão me prende os braços.
Enorme, a tampa fechada
Roça-me quase a cabeça.
Se ao menos a escuridão
Não estivesse tão espessa!
Se eu conseguisse fincar
Os joelhos nessa tampa
E os sete palmos de terra
Do fundo à campa rasgar!
Se um som eu chegasse a ouvir
No oco deste caixão
Que não fosse esse soturno
Bater do meu coração!
Se eu conseguisse esticar
Os braços num repelão
Inda rasgassem-me a carne

Os ossos que restarão!
Se eu pudesse me virar
As omoplatas romper
Na fúria de uma evasão
Ou se eu pudesse sorrir
Ou de ódio me estrangular
E de outra morte morrer!

Mas só me resta esperar
Suster a respiração
Sentindo o sangue subir-me
Como a lava de um vulcão
Enquanto a terra me esmaga
O caixão me oprime os membros
A gravata me asfixia
E um lenço me cerra os dentes!
Não há como me mover
E este lenço desatar
Não há como desmanchar
O laço que os pés me prende!

Bate, bate, mão aflita
No fundo deste caixão
Marca a angústia dos segundos
Que sem ar se extinguirão!

Lutai, pés espavoridos
Presos num nó de cordão
Que acima, os homens passando
Não ouvem vossa aflição!
Raspa, cara enlouquecida
Contra a lenha da prisão
Pesando sobre teus olhos
Há sete palmos de chão!
Corre mente desvairada
Sem consolo e sem perdão

Que nem a prece te ocorre
À louca imaginação!
Busca o ar que se te finda
Na caverna do pulmão
O pouco que tens ainda
Te há de erguer na convulsão
Que romperá teu sepulcro
E os sete palmos de chão:
Não te restassem por cima
Setecentos de amplidão!

EPITÁFIO

Aqui jaz o Sol
Que criou a aurora
E deu luz ao dia
E apascentou a tarde

O mágico pastor
De mãos luminosas
Que fecundou as rosas
E as despetalou.

Aqui jaz o Sol
O andrógino meigo
E violento, que

Possuiu a forma
De todas as mulheres
E morreu no mar.

Oxford, 1939

ALLEGRO

Sente como vibra
Doidamente em nós
Um vento feroz
Estorcendo a fibra

Dos caules informes
E as plantas carnívoras
De bocas enormes
Lutam contra as víboras

E os rios soturnos
Ouve como vazam
A água corrompida

E as sombras se casam
Nos raios noturnos
Da lua perdida.

Oxford, 1939

SONETO DE VÉSPERA

Quando chegares e eu te vir chorando
De tanto te esperar, que te direi?
E da angústia de amar-te, te esperando
Reencontrada, como te amarei?

Que beijo teu de lágrima terei
Para esquecer o que vivi lembrando
E que farei da antiga mágoa quando
Não puder te dizer por que chorei?

Como ocultar a sombra em mim suspensa
Pelo martírio da memória imensa
Que a distância criou — fria de vida

Imagem tua que eu compus serena
Atenta ao meu apelo e à minha pena
E que quisera nunca mais perdida...

Oxford, 1939

BALADA DO MANGUE

Pobres flores gonocócicas
Que à noite despetalais
As vossas pétalas tóxicas!
Pobres de vós, pensas, murchas
Orquídeas do despudor
Não sois Loelia tenebrosa
Nem sois Vanda tricolor:
Sois frágeis, desmilinguidas
Dálias cortadas ao pé
Corolas descoloridas
Enclausuradas sem fé.
Ah, jovens putas das tardes
O que vos aconteceu
Para assim envenenardes
O pólen que Deus vos deu?
No entanto crispais sorrisos
Em vossas jaulas acesas
Mostrando o rubro das presas
Falando coisas do amor
E às vezes cantais uivando
Como cadelas à lua
Que em vossa rua sem nome
Rola perdida no céu...
Mas que brilho mau de estrela
Em vossos olhos lilases
Percebo quando, falazes
Fazeis rapazes entrar!
Sinto então nos vossos sexos
Formarem-se imediatos

Os venenos putrefatos
Com que os envenenar
Ó misericordiosas!
Glabras, glúteas caftinas
Embebidas em jasmim
Jogando cantos felizes
Em perspectivas sem fim
Cantais, maternais hienas
Canções de caftinizar
Gordas polacas serenas
Sempre prestes a chorar.
Como sofreis, que silêncio
Não deve gritar em vós
Esse imenso, atroz silêncio
Dos santos e dos heróis!
E o contraponto de vozes
Com que ampliais o mistério
Como é semelhante às luzes
Votivas de um cemitério
Esculpido de memórias!
Pobres, trágicas mulheres
Multidimensionais
Ponto morto de choferes
Passadiço de navais!
Louras mulatas francesas
Vestidas de carnaval:
Viveis a festa das flores
Pelo convés dessas ruas
Ancoradas no canal?
Para onde irão vossos cantos
Para onde irá vossa nau?
Por que vos deixais imóveis
Alérgicas sensitivas
Nos jardins desse hospital
Etílico e heliotrópico?
Por que não vos trucidais

Ó inimigas? ou bem
Não ateais fogo às vestes
E vos lançais como tochas
Contra esses homens de nada
Nessa terra de ninguém!

SONETO A OCTÁVIO DE FARIA

Não te vira cantar sem voz, chorar
Sem lágrimas, e lágrimas e estrelas
Desencantar, e mudo recolhê-las
Para lançá-las fulgurando ao mar?

Não te vira no bojo secular
Das praias, desmaiar de êxtase nelas
Ao cansaço viril de percorrê-las
Entre os negros abismos do luar?

Não te vira ferir o indiferente
Para lavar os olhos da impostura
De uma vida que cala e que consente?

Vira-te tudo, amigo! coisa pura
Arrancada da carne intransigente
Pelo trágico amor da criatura.

Oxford, 1939

ROSÁRIO

E eu que era um menino puro
Não fui perder minha infância
No mangue daquela carne!
Dizia que era morena
Sabendo que era mulata
Dizia que era donzela
Nem isso não era ela
Era uma moça que dava.
Deixava... mesmo no mar
Onde se fazia em água
Onde de um peixe que era
Em mil se multiplicava
Onde suas mãos de alga
Sobre meu corpo boiavam
Trazendo à tona águas-vivas
Onde antes não tinha nada.
Quanto meus olhos não viram
No céu da areia da praia
Duas estrelas escuras
Brilhando entre aquelas duas
Nebulosas desmanchadas
E não beberam meus beijos
Aqueles olhos noturnos
Luzindo de luz parada
Na imensa noite da ilha!
Era minha namorada
Primeiro nome de amada
Primeiro chamar de filha...
Grande filha de uma vaca!

Como não me seduzia
Como não me alucinava
Como deixava, fingindo
Fingindo que não deixava!
Aquela noite entre todas
Que cica os cajus! travavam!
Como era quieto o sossego
Cheirando a jasmim-do-cabo!
Lembro que nem se mexia
O luar esverdeado
Lembro que longe, nos longes
Um gramofone tocava
Lembro dos seus anos vinte
Junto aos meus quinze deitados
Sob a luz verde da lua.
Ergueu a saia de um gesto
Por sobre a perna dobrada
Mordendo a carne da mão
Me olhando sem dizer nada
Enquanto jazente eu via
Como uma anêmona na água
A coisa que se movia
Ao vento que a farfalhava.
Toquei-lhe a dura pevide
Entre o pelo que a guardava
Beijando-lhe a coxa fria
Com gosto de cana-brava.
Senti à pressão do dedo
Desfazer-se desmanchada
Como um dedal de segredo
A pequenina castanha
Gulosa de ser tocada.
Era uma dança morena
Era uma dança mulata
Era o cheiro de amarugem
Era a lua cor de prata

Mas foi só naquela noite!
Passava dando risada
Carregando os peitos loucos
Quem sabe para quem, quem sabe?
Mas como me seduzia
A negra visão escrava
Daquele feixe de águas
Que sabia ela guardava
No fundo das coxas frias!
Mas como me desbragava
Na areia mole e macia!
A areia me recebia
E eu baixinho me entregava
Com medo que Deus ouvisse
Os gemidos que não dava!
Os gemidos que não dava...
Por amor do que ela dava
Aos outros de mais idade
Que a carregaram da ilha
Para as ruas da cidade
Meu grande sonho da infância
Angústia da mocidade.

O ESCÂNDALO DA ROSA

Oh rosa que raivosa
Assim carmesim
Quem te fez zelosa
O carme tão ruim?

Que anjo ou que pássaro
Roubou tua cor
Que ventos passaram
Sobre o teu pudor

Coisa milagrosa
De rosa de mate
De bom para mim

Rosa glamourosa?
Oh rosa que escarlate:
No mesmo jardim!

SONETO AO INVERNO

Inverno, doce inverno das manhãs
Translúcidas, tardias e distantes
Propício ao sentimento das irmãs
E ao mistério da carne das amantes:

Quem és, que transfiguras as maçãs
Em iluminações dessemelhantes
E enlouqueces as rosas temporãs
Rosa-dos-ventos, rosa dos instantes?

Por que ruflaste as tremulantes asas
Alma do céu? o amor das coisas várias
Fez-te migrar — inverno sobre casas!

Anjo tutelar das luminárias
Preservador de santas e de estrelas...
Que importa a noite lúgubre escondê-las?

Londres, 1939

MARINA

Lembras-te das pescarias
Nas pedras das Três-Marias
    Lembras-te, Marina?

Na navalha dos mariscos
Teus pés corriam ariscos
    Valente menina!

Crescia na beira-luz
O papo dos baiacus
    Que pescávamos

E nas vagas matutinas
Chupávamos tangerinas
    E vagávamos...

Tinhas uns peitinhos duros
E teus beicinhos escuros
    Flauteavam valsas

Valsas ilhoas! vadio
Eu procurava, no frio
    De tuas calças

E te adorava; sentia
Teu cheiro a peixe, bebia
    Teu bafo de sal

E quantas vezes, precoce

Em vão, pela tua posse
    Não me saí mal...

Deixavas-me dessa luta
Uma adstringência de fruta
    De suor, de alga

Mas sempre te libertavas
Com doidas dentadas bravas
    Menina fidalga!

Foste minha companheira
Foste minha derradeira
    Única aventura?

Que nas outras criaturas
Não vi mais meninas puras
    Menina pura.

SONETO DE QUARTA-FEIRA DE CINZAS

Por seres quem me foste, grave e pura
Em tão doce surpresa conquistada
Por seres uma branca criatura
De uma brancura de manhã raiada

Por seres de uma rara formosura
Malgrado a vida dura e atormentada
Por seres mais que a simples aventura
E menos que a constante namorada

Porque te vi nascer, de mim sozinha
Como a noturna flor desabrochada
A uma fala de amor, talvez perjura

Por não te possuir, tendo-te minha
Por só quereres tudo, e eu dar-te nada
Hei de lembrar-te sempre com ternura.

Rio, 1941

SOMBRA E LUZ

I

Dança Deus!
Sacudindo o mundo
Desfigurando estrelas
Afogando o mundo
Na cinza dos céus
Sapateia, Deus
Negro na noite
Semeando brasas
No túmulo de Orfeu.

Dança, Deus! dança
Dança de horror
Que a faca que corta
Dá talho sem dor.
A dama Negra
A rainha Euterpe
A torre de Magdalen
E o rio Jordão
Quebraram muros
Beberam absinto
Vomitaram bile
No meu coração.

E um gato e um soneto
No túmulo preto
E uma espada nua
No meio da rua

E um bezerro de ouro
Na boca do lobo
E um bruto alifante
No baile da Corte
Naquele cantinho
Cocô de ratinho
Naquele cantão
Cocô de ratão.

Violino moço fino
— Quem se rir há de apanhar

Violão moço vadio
— Não sei quem apanhará.

II

Munevada glimou vestassudente.
Desfazendo-se em lágrimas azuis
Em mistério nascia a madrugada
E o vampiro Nosferatu
Descia o rio

Fazendo poemas
Dizendo blasfêmias
Soltando morcegos
Bebendo hidromel
E se desencantava, minha mãe!

Ficava a rua
Ficava a praia
No fim da praia
Ficava Maria
No meio de Maria
Ficava uma rosa
Cobrindo a rosa

Uma bandeira
Com duas tíbias
E uma caveira.

Mas não era o que queria
Que era mesmo o que eu queria?
"Eu queria uma casinha
Com varanda para o mar
Onde brincasse a andorinha
E onde chegasse o luar
Com vinhas nessa varanda
E vacas na vacaria
Com vinho verde e vianda
Que nem Carlito queria."

Nunca mais, nunca mais!
As luzes já se apagavam
Os mortos mortos de frio
Se enrolavam nos sudários
Fechavam a tampa da cova
Batendo cinco pancadas.

Que fazer senão morrer?

III

Pela estrada plana, toc-toc-toc
As lágrimas corriam.
As primeiras mulheres
Saíam toc-toc na manhã
O mundo despertava! em cada porta
Uma esposa batia toc-toc
E os homens caminhavam na manhã.
Logo se acenderão as forjas
Fumarão as chaminés
Se caldeará o aço da carne

Em breve os ferreiros toc-toc
Martelarão o próprio sexo
E os santos marceneiros roc-roc
Mandarão berços para Belém.
Ouve a cantiga dos navios
Convergindo dos temporais para os portos
Ouve o mar
Rugindo em cóleras de espuma
Have mercy on me O Lord
Send me Isaias
I need a poet
To sing me ashore.

Minha luz ficou aberta
Minha cama ficou feita
Minha alma ficou deserta
Minha carne insatisfeita.

SAUDADE DE MANUEL BANDEIRA

Não foste apenas um segredo
De poesia e de emoção
Foste uma estrela em meu degredo
Poeta, pai! áspero irmão.

Não me abraçaste só no peito
Puseste a mão na minha mão
Eu, pequenino — tu, eleito
Poeta! pai, áspero irmão.

Lúcido, alto e ascético amigo
De triste e claro coração
Que sonhas tanto a sós contigo
Poeta, pai, áspero irmão?

AZUL E BRANCO*

Concha e cavalo-marinho
Mote de Pedro Nava

I

Massas geométricas
Em pautas de música
Plástica e silêncio
Do espaço criado.

Concha e cavalo-marinho.

O mar vos deu em corola
O céu vos imantou
Mas a luz refez o equilíbrio.

Concha e cavalo-marinho.

Vênus anadiômena
Multípede e alada
Os seios azuis
Dando leite à tarde
Viu-vos Eupalinos
No espelho convexo
Da gota que o orvalho
Escorreu da noite
Nos lábios da aurora.

Concha e cavalo-marinho.

(*) Poema em louvor do edifício do Ministério da Educação.

Pálpebras cerradas
Ao poder violeta
Sombras projetadas
Em mansuetude
Sublime colóquio
Da forma com a eternidade.

Concha e cavalo-marinho.

II

Na verde espessura
Do fundo do mar
Nasce a arquitetura.

Da cal das conchas
Do sumo das algas
Da vida dos polvos
Sobre tentáculos
Do amor dos pólipos
Que estratifica abóbadas
Da ávida mucosa
Das rubras anêmonas
Que argamassa peixes
Da salgada célula
De estranha substância
Que dá peso ao mar.

Concha e cavalo-marinho.

Concha e cavalo-marinho:
Os ágeis sinuosos
Que o raio de luz
Cortando transforma
Em claves de sol
E o amor de infinito

Retifica em hastes
Antenas paralelas
Propícias à eterna
Incursão da música.

Concha e cavalo-marinho.

III

Azul... Azul...

Azul e Branco
Azul e Branco
Azul e Branco
Azul e Branco
Azul e Branco
Azul e Branco
Azul e Branco
Azul e Branco
Azul e Branco
Azul e Branco
Azul e Branco
Azul e Branco
Azul e Branco
Azul e Branco

Concha...

    e cavalo-marinho.

SONETO DE SEPARAÇÃO

De repente do riso fez-se o pranto
Silencioso e branco como a bruma
E das bocas unidas fez-se a espuma
E das mãos espalmadas fez-se o espanto.

De repente da calma fez-se o vento
Que dos olhos desfez a última chama
E da paixão fez-se o pressentimento
E do momento imóvel fez-se o drama.

De repente, não mais que de repente
Fez-se de triste o que se fez amante
E de sozinho o que se fez contente.

Fez-se do amigo próximo o distante
Fez-se da vida uma aventura errante
De repente, não mais que de repente.

Oceano Atlântico, a bordo do Highland Patriot,
a caminho da Inglaterra, setembro, 1938

BALADA DE PEDRO NAVA
(O anjo e o túmulo)

I

Meu amigo Pedro Nava
Em que navio embarcou:
A bordo do *Westphalia*
Ou a bordo do *Lidador*?

Em que antárticas espumas
Navega o navegador
Em que brahmas, em que brumas
Pedro Nava se afogou?

Juro que estava comigo
Há coisa de não faz muito
Enchendo bem a caveira
Ao seu eterno defunto.

Ou não era Pedro Nava
Quem me falava aqui junto
Não era o Nava de fato
Nem era o Nava defunto?...

Se o tivesse aqui comigo
Tudo se solucionava
Diria ao garçom: Escanção!
Uma *pedra* a Pedro Nava!

Uma pedra a Pedro Nava
Nessa pedra uma inscrição:

"deste que muito te amava
teu amigo, teu irmão..."

Mas oh, não! que ele não morra
Sem escutar meu segredo
Estou nas garras da Cachorra
Vou ficar louco de medo

Preciso muito falar-lhe
Antes que chegue amanhã:
Pedro Nava, meu amigo
DESCEU O LEVIATÃ!

II

A moça dizia à lua
Minha carne é cor-de-rosa
Não é verde como a tua
Eu sou jovem e formosa.
Minhas maminhas — a moça
À lua mostrava as suas —
Têm a brancura da louça
Não são negras como as tuas.
E ela falava: Meu ventre
É puro — e o deitava à lua
A lua que o sangra dentro
Quem haverá que a possua?
Meu sexo — a moça jogada
Entreabria-se nua —
É o sangue da madrugada
Na triste noite sem lua.
Minha pele é viva e quente
Lança o teu raio mais frio
Sobre o meu corpo inocente...
Sente o teu como é vazio.

III

A sombra decapitada
Caiu fria sobre o mar...
Quem foi a voz que chamou?
Quem foi a voz que chamou?

— Foi o cadáver do anjo
Que morto não se enterrou.

Nas vagas boiavam virgens
Desfiguradas de horror...
O homem pálido gritava:
Quem foi a voz que chamou?

— Foi o extático Adriático
Chorando o seu paramor.

De repente, no céu ermo
A lua se consumou...
O mar deu túmulo à lua.
Quem foi a voz que chamou?

— Foi a cabeça cortada
Na praia do Arpoador.

O mar rugia tão forte
Que o homem se debruçou
Numa vertigem de morte:
Quem foi a voz que chamou?

— Foi a eterna alma penada
Daquele que não amou.

No abismo escuro das fragas
Descia o disco brilhante

Sumindo por entre as águas...
Oh lua em busca do amante!

E o sopro da ventania
Vinha e desaparecia.

Negro cárcere da morte
Branco cárcere da dor
Luz e sombra da alvorada...
A voz amada chamou!

E um grande túmulo veio
Se desvendando no mar
Boiava ao sabor das ondas
Que o não queriam tragar.

Tinha uma laje e uma lápide
Com o nome de uma mulher
Mas de quem era esse nome
Nunca o pudesse dizer.

SONETO DE CARNAVAL

Distante o meu amor, se me afigura
O amor como um patético tormento
Pensar nele é morrer de desventura
Não pensar é matar meu pensamento.

Seu mais doce desejo se amargura
Todo o instante perdido é um sofrimento
Cada beijo lembrado uma tortura
Um ciúme do próprio ciumento.

E vivemos partindo, ela de mim
E eu dela, enquanto breves vão-se os anos
Para a grande partida que há no fim

De toda a vida e todo o amor humanos:
Mas tranquila ela sabe, e eu sei tranquilo
Que se um fica o outro parte a redimi-lo.

Oxford, carnaval de 1939

BALADA DAS MENINAS DE BICICLETA

Meninas de bicicleta
Que fagueiras pedalais
Quero ser vosso poeta!
Ó transitórias estátuas
Esfuziantes de azul
Louras com peles mulatas
Princesas da zona sul:
As vossas jovens figuras
Retesadas nos selins
Me prendem, com serem puras
Em redondilhas afins.
Que lindas são vossas quilhas
Quando as praias abordais!
E as nervosas panturrilhas
Na rotação dos pedais:
Que douradas maravilhas!
Bicicletai, meninada
Aos ventos do Arpoador
Solta a flâmula agitada
Das cabeleiras em flor
Uma correndo à gandaia
Outra com jeito de séria
Mostrando as pernas sem saia
Feitas da mesma matéria.
Permanecei! vós que sois
O que o mundo não tem mais
Juventude de maiôs
Sobre máquinas da paz
Enxames de namoradas

Ao sol de Copacabana
Centauresas transpiradas
Que o leque do mar abana!
A vós o canto que inflama
Os meus trint'anos, meninas
Velozes massas em chama
Explodindo em vitaminas.
Bem haja a vossa saúde
À humanidade inquieta
Vós cuja ardente virtude
Preservais muito amiúde
Com um selim de bicicleta
Vós que levais tantas raças
Nos corpos firmes e crus:
Meninas, soltai as alças
Bicicletai seios nus!
No vosso rastro persiste
O mesmo eterno poeta
Um poeta — essa coisa triste
Escravizada à beleza
Que em vosso rastro persiste
Levando a sua tristeza
No quadro da bicicleta.

POEMA DE NATAL

Para isso fomos feitos:
Para lembrar e ser lembrados
Para chorar e fazer chorar
Para enterrar os nossos mortos —
Por isso temos braços longos para os adeuses
Mãos para colher o que foi dado
Dedos para cavar a terra.

Assim será a nossa vida:
Uma tarde sempre a esquecer
Uma estrela a se apagar na treva
Um caminho entre dois túmulos —
Por isso precisamos velar
Falar baixo, pisar leve, ver
A noite dormir em silêncio.

Não há muito que dizer:
Uma canção sobre um berço
Um verso, talvez, de amor
Uma prece por quem se vai —
Mas que essa hora não esqueça
E por ela os nossos corações
Se deixem, graves e simples.

Pois para isso fomos feitos:
Para a esperança no milagre
Para a participação da poesia
Para ver a face da morte —

De repente nunca mais esperaremos...
Hoje a noite é jovem; da morte, apenas
Nascemos, imensamente.

O DIA DA CRIAÇÃO

I

Hoje é sábado, amanhã é domingo
A vida vem em ondas, como o mar
Os bondes andam em cima dos trilhos
E Nosso Senhor Jesus Cristo morreu na cruz para nos salvar.

Hoje é sábado, amanhã é domingo
Não há nada como o tempo para passar
Foi muita bondade de Nosso Senhor Jesus Cristo
Mas por via das dúvidas livrai-nos meu Deus de todo mal.

Hoje é sábado, amanhã é domingo
Amanhã não gosta de ver ninguém bem
Hoje é que é o dia do presente
O dia é sábado.

Impossível fugir a essa dura realidade
Neste momento todos os bares estão repletos de homens vazios
Todos os namorados estão de mãos entrelaçadas
Todos os maridos estão funcionando regularmente
Todas as mulheres estão atentas
Porque hoje é sábado.

II

Neste momento há um casamento
Porque hoje é sábado
Há um divórcio e um violamento

Porque hoje é sábado
Há um homem rico que se mata
Porque hoje é sábado
Há um incesto e uma regata
Porque hoje é sábado
Há um espetáculo de gala
Porque hoje é sábado
Há uma mulher que apanha e cala
Porque hoje é sábado
Há um renovar-se de esperanças
Porque hoje é sábado
Há uma profunda discordância
Porque hoje é sábado
Há um sedutor que tomba morto
Porque hoje é sábado
Há um grande espírito de porco
Porque hoje é sábado
Há uma mulher que vira homem
Porque hoje é sábado
Há criancinhas que não comem
Porque hoje é sábado
Há um piquenique de políticos
Porque hoje é sábado
Há um grande acréscimo de sífilis
Porque hoje é sábado
Há um ariano e uma mulata
Porque hoje é sábado
Há uma tensão inusitada
Porque hoje é sábado
Há adolescências seminuas
Porque hoje é sábado
Há um vampiro pelas ruas
Porque hoje é sábado
Há um grande aumento no consumo
Porque hoje é sábado
Há um noivo louco de ciúmes

Porque hoje é sábado
Há um *garden-party* na cadeia
Porque hoje é sábado
Há uma impassível lua cheia
Porque hoje é sábado
Há damas de todas as classes
Porque hoje é sábado
Umas difíceis, outras fáceis
Porque hoje é sábado
Há um beber e um dar sem conta
Porque hoje é sábado
Há uma infeliz que vai de tonta
Porque hoje é sábado
Há um padre passeando à paisana
Porque hoje é sábado
Há um frenesi de dar banana
Porque hoje é sábado
Há a sensação angustiante
Porque hoje é sábado
De uma mulher dentro de um homem
Porque hoje é sábado
Há a comemoração fantástica
Porque hoje é sábado
Da primeira cirurgia plástica
Porque hoje é sábado
E dando os trâmites por findos
Porque hoje é sábado
Há a perspectiva do domingo
Porque hoje é sábado

III

Por todas essas razões deverias ter sido riscado do Livro das Ori-
[gens, ó Sexto Dia da Criação.
De fato, depois da *Ouverture* do *Fiat* e da divisão de luzes e trevas

E depois, da separação das águas, e depois, da fecundação da
[terra
E depois, da gênese dos peixes e das aves e dos animais da terra
Melhor fora que o Senhor das Esferas tivesse descansado.
Na verdade, o homem não era necessário
Nem tu, mulher, ser vegetal, dona do abismo, que queres como
[as plantas, imovelmente e nunca saciada
Tu que carregas no meio de ti o vórtice supremo da paixão.
Mal procedeu o Senhor em não descansar durante os dois últi-
[mos dias
Trinta séculos lutou a humanidade pela semana inglesa
Descansasse o Senhor e simplesmente não existiríamos
Seríamos talvez polos infinitamente pequenos de partículas cós-
[micas em queda invisível na terra.
Não viveríamos da degola dos animais e da asfixia dos peixes
Não seríamos paridos em dor nem suaríamos o pão nosso de
[cada dia
Não sofreríamos males de amor nem desejaríamos a mulher do
[próximo
Não teríamos escola, serviço militar, casamento civil, imposto
[sobre a renda e missa de sétimo dia.
Seria a indizível beleza e harmonia do plano verde das terras e
[das águas em núpcias
A paz e o poder maior das plantas e dos astros em colóquio
A pureza maior do instinto dos peixes, das aves e dos animais em
[cópula.
Ao revés, precisamos ser lógicos, frequentemente dogmáticos
Precisamos encarar o problema das colocações morais e estéticas
Ser sociais, cultivar hábitos, rir sem vontade e até praticar amor
[sem vontade
Tudo isso porque o Senhor cismou em não descansar no Sexto
[Dia e sim no Sétimo
E para não ficar com as vastas mãos abanando
Resolveu fazer o homem à sua imagem e semelhança
Possivelmente, isto é, muito provavelmente
Porque era sábado.

BALADA DOS MORTOS
DOS CAMPOS DE CONCENTRAÇÃO

Cadáveres de Nordhausen
Erla, Belsen e Buchenwald!
Ocos, flácidos cadáveres
Como espantalhos, largados
Na sementeira espectral
Dos ermos campos estéreis
De Buchenwald e Dachau.
Cadáveres necrosados
Amontoados no chão
Esquálidos enlaçados
Em beijos estupefatos
Como ascetas siderados
Em presença da visão.
Cadáveres putrefatos
Os magros braços em cruz
Em vossas faces hediondas
Há sorrisos de giocondas
E em vossos corpos, a luz
Que da treva cria a aurora.
Cadáveres fluorescentes
Desenraizados do pó
Que emoção não dá-me o ver-vos
Em vosso êxtase sem nervos
Em vossa prece tão-só
Grandes, góticos cadáveres!
Ah, doces mortos atônitos
Quebrados a torniquete
Vossas louras manicuras
Arrancaram-vos as unhas

No requinte de tortura
Da última toalete...
A vós vos tiraram a casa
A vós vos tiraram o nome
Fostes marcados a brasa
Depois vos mataram de fome!
Vossas peles afrouxadas
Sobre os esqueletos dão-me
A impressão que éreis tambores —
Os instrumentos do Monstro —
Desfibrados a pancada:
Ó mortos de percussão!
Cadáveres de Nordhausen
Erla, Belsen e Buchenwald!
Vós sois o húmus da terra
De onde a árvore do castigo
Dará madeira ao patíbulo
E de onde os frutos da paz
Tombarão no chão da guerra!

REPTO

Vossos olhos raros
Jovens guerrilheiros
Aos meus, cavalheiros
Fazem mil reparos...
Se entendeis amor
Com vero brigar
Combates de olhar
Não quero propor.

Sei de um bom lugar
Onde contender
E havemos de ver
Quem há de ganhar.
Não sirvo justar
Em pugna tão vã...
Que tal amanhã
Lutarmos de amar?

Em campos de paina
Pretendo reptar-vos
E em seguida dar-vos
Muita, muita faina
Guerra sem quartel
E tréguas só se
Pedirdes mercê
Com os olhos no céu.

Exaustão de gozo
Que tal seja a regra

E longa a refrega
Que aguardo ansioso
E caiba dizer-vos
Que inda vencedor
Sou, de vossos servos
O mais servidor...

O POETA E A LUA

Em meio a um cristal de ecos
O poeta vai pela rua
Seus olhos verdes de éter
Abrem cavernas na lua.
A lua volta de flanco
Eriçada de luxúria
O poeta, aloucado e branco
Palpa as nádegas da lua.
Entre as esferas nitentes
Tremeluzem pelos fulvos
O poeta, de olhar dormente
Entreabre o pente da lua.
Em frouxos de luz e água
Palpita a ferida crua
O poeta todo se lava
De palidez e doçura.
Ardente e desesperada
A lua vira em decúbito
A vinda lenta do espasmo
Aguça as pontas da lua.
O poeta afaga-lhe os braços
E o ventre que se menstrua
A lua se curva em arco
Num delírio de volúpia.
O gozo aumenta de súbito
Em frêmitos que perduram
A lua vira o outro quarto
E fica de frente, nua.
O orgasmo desce do espaço

Desfeito em estrelas e nuvens
Nos ventos do mar perpassa
Um salso cheiro de lua
E a lua, no êxtase, cresce
Se dilata e alteia e estua
O poeta se deixa em prece
Ante a beleza da lua.
Depois a lua adormece
E míngua e se apazigua...
O poeta desaparece
Envolto em cantos e plumas
Enquanto a noite enlouquece
No seu claustro de ciúmes.

SONETO DA ROSA

Mais um ano na estrada percorrida
Vem, como o astro matinal, que a adora
Molhar de puras lágrimas de aurora
A morna rosa escura e apetecida.

E da fragrante tepidez sonora
No recesso, como ávida ferida
Guardar o plasma múltiplo da vida
Que a faz materna e plácida, e agora

Rosa geral de sonho e plenitude
Transforma em novas rosas de beleza
Em novas rosas de carnal virtude

Para que o sonho viva da certeza
Para que o tempo da paixão não mude
Para que se una o verbo à natureza.

VALSA À MULHER DO POVO

Oferenda

Oh minha amiga da face múltipla
Do corpo periódico e geral!
Lúdica, efêmera, inconsútil
Musa central-ferroviária!
Possa esta valsa lenta e súbita
Levemente copacabanal
Fazer brotar do povo a flux
A tua imagem abruptamente
Ó antideusa!

Valsa

Te encontrarei na barca *Cubango*, nas amplas salas da *Cubango*
Vestida de tangolomango
Te encontrarei!
Te encontrarei nas brancas praias, pelas pudendas brancas praias
Itinerante de gandaias
Te encontrarei. Te encontrarei nas feiras livres
Entre moringas e vassouras, emolduradas de cenouras
Te encontrarei. Te encontrarei tarde na rua
De rosto triste como a lua, passando longe como a lua
Te encontrarei. Te encontrarei, te encontrarei
Nos longos *footings* suburbanos, tecendo os sonhos mais hu-
[manos
Capaz de todos os enganos
Te encontrarei. Te encontrarei nos cais noturnos
Junto a marítimos soturnos, sombras de becos taciturnos

Te encontrarei. Te encontrarei, ó mariposa
Oh *taxi-girl*, oh *virginette* pregada aos homens a alfinete
De corpo sax e clarinete
Te encontrarei. Oh pulcra, oh pálida, oh pudica
Oh grã-cupincha, oh nova-rica
Que nunca sais da minha dica; sim, eu irei
Ao teu encontro onde estiveres
Pois que assim querem os malmequeres
Porque és tu santa entre as mulheres
Te encontrarei!

CINEPOEMA

O *preto no branco*
Manuel Bandeira

O preto no banco
A branca na areia
O preto no banco
A branca na areia
Silêncio na praia
De Copacabana.

A branca no branco
Dos olhos do preto
O preto no banco
A branca no preto
Negror absoluto
Sobre um mar de leite.

A branca de bruços
O preto pungente
O mar em soluços
A espuma inocente
Canícula branca
Pretidão ardente.

A onda se alteia
Na verde laguna
A branca se enfuna
Se afunda na areia
O colo é uma duna
Que o sol incendeia.

O preto no branco
Da espuma da onda

A branca de flanco
Brancura redonda
O preto no banco
A gaivota ronda.

O negro tomado
Da linha do asfalto
O espaço imantado:
De súbito um salto
E um grito na praia
De Copacabana.

Pantera de fogo
Pretidão ardente
Onda que se quebra
Violentamente
O sol como um dardo
Vento de repente.

E a onda desmaia
A espuma espadana
A areia ventada
De Copacabana
Claro-escuro rápido
Sombra fulgurante.

Luminoso dardo
O sol rompe a nuvem
Refluxo tardo
Restos de amarugem
Sangue pela praia
De Copacabana...

MENSAGEM À POESIA

Não posso
Não é possível

Digam-lhe que é totalmente impossível
Agora não pode ser
É impossível
Não posso.
Digam-lhe que estou tristíssimo, mas não posso ir esta noite ao
[seu encontro.
Contem-lhe que há milhões de corpos a enterrar
Muitas cidades a reerguer, muita pobreza pelo mundo.
Contem-lhe que há uma criança chorando em alguma parte do
[mundo
E as mulheres estão ficando loucas, e há legiões delas carpindo
A saudade de seus homens; contem-lhe que há um vácuo
Nos olhos dos párias, e sua magreza é extrema; contem-lhe
Que a vergonha, a desonra, o suicídio rondam os lares, e é pre-
[ciso reconquistar a vida.
Façam-lhe ver que é preciso eu estar alerta, voltado para todos os
[caminhos
Pronto a socorrer, a amar, a mentir, a morrer se for preciso.
Ponderem-lhe, com cuidado — não a magoem... — que se não
[vou
Não é porque não queira: ela sabe; é porque há um herói num
[cárcere
Há um lavrador que foi agredido, há uma poça de sangue numa
[praça.
Contem-lhe, bem em segredo, que eu devo estar prestes, que
[meus

Ombros não se devem curvar, que meus olhos não se devem
Deixar intimidar, que eu levo nas costas a desgraça dos homens
E não é o momento de parar agora; digam-lhe, no entanto
Que sofro muito, mas não posso mostrar meu sofrimento
Aos homens perplexos; digam-lhe que me foi dada
A terrível participação, e que possivelmente
Deverei enganar, fingir, falar com palavras alheias
Porque sei que há, longínqua, a claridade de uma aurora.
Se ela não compreender, oh procurem convencê-la
Desse invencível dever que é o meu; mas digam-lhe
Que, no fundo, tudo o que estou dando é dela, e que me
Dói ter de despojá-la assim, neste poema; que por outro lado
Não devo usá-la em seu mistério: a hora é de esclarecimento
Nem debruçar-me sobre mim quando a meu lado
Há fome e mentira; e um pranto de criança sozinha numa estrada
Junto a um cadáver de mãe; digam-lhe que há
Um náufrago no meio do oceano, um tirano no poder, um ho-
                                                        [mem
Arrependido; digam-lhe que há uma casa vazia
Com um relógio batendo horas; digam-lhe que há um grande
Aumento de abismos na terra, há súplicas, há vociferações
Há fantasmas que me visitam de noite
E que me cumpre receber; contem a ela da minha certeza
No amanhã
Que sinto um sorriso no rosto invisível da noite
Vivo em tensão ante a expectativa do milagre; por isso
Peçam-lhe que tenha paciência, que não me chame agora
Com a sua voz de sombra; que não me faça sentir covarde
De ter de abandoná-la neste instante, em sua imensurável
Solidão; peçam-lhe, oh peçam-lhe que se cale
Por um momento, que não me chame
Porque não posso ir
Não posso ir
Não posso.

Mas não a traí. Em meu coração
Vive a sua imagem pertencida, e nada direi que possa
Envergonhá-la. A minha ausência
É também um sortilégio
Do seu amor por mim. Vivo do desejo de revê-la
Num mundo em paz. Minha paixão de homem
Resta comigo; minha solidão resta comigo; minha
Loucura resta comigo. Talvez eu deva
Morrer sem vê-la mais, sem sentir mais
O gosto de suas lágrimas, olhá-la correr
Livre e nua nas praias e nos céus
E nas ruas da minha insônia. Digam-lhe que é esse
O meu martírio; que às vezes
Pesa-me sobre a cabeça o tampo da eternidade e as poderosas
Forças da tragédia abatem-se sobre mim, e me impelem para a
[treva
Mas que eu devo resistir, que é preciso...
Mas que a amo com toda a pureza da minha passada adoles-
[cência
Com toda a violência das antigas horas de contemplação extá-
[tica
Num amor cheio de renúncia. Oh, peçam a ela
Que me perdoe, ao seu triste e inconstante amigo
A quem foi dado se perder de amor pelo seu semelhante
A quem foi dado se perder de amor por uma pequena casa
Por um jardim de frente, por uma menininha de vermelho
A quem foi dado se perder de amor pelo direito
De todos terem uma pequena casa, um jardim de frente
E uma menininha de vermelho; e se perdendo
Ser-lhe doce perder-se...
Por isso convençam a ela, expliquem-lhe que é terrível
Peçam-lhe de joelhos que não me esqueça, que me ame
Que me espere, porque sou seu, apenas seu; mas que agora
É mais forte do que eu, não posso ir
Não é possível

Me é totalmente impossível
Não pode ser não
É impossível
Não posso.

O TEMPO NOS PARQUES

O tempo nos parques é íntimo, inadiável, imparticipante, imar-
                                                    [cescível.
Medita nas altas frondes, na última palma da palmeira
Na grande pedra intacta, o tempo nos parques.
O tempo nos parques cisma no olhar cego dos lagos
Dorme nas furnas, isola-se nos quiosques
Oculta-se no torso muscular dos fícus, o tempo nos parques.
O tempo nos parques gera o silêncio do piar dos pássaros
Do passar dos passos, da cor que se move ao longe.
É alto, antigo, presciente o tempo nos parques
É incorruptível; o prenúncio de uma aragem
A agonia de uma folha, o abrir-se de uma flor
Deixa um frêmito no espaço do tempo nos parques.
O tempo nos parques envolve de redomas invisíveis
Os que se amam; eterniza os anseios, petrifica
Os gestos, anestesia os sonhos, o tempo nos parques.
Nos homens dormentes, nas pontes que fogem, na franja
Dos chorões, na cúpula azul o tempo perdura
Nos parques; e a pequenina cutia surpreende
A imobilidade anterior desse tempo no mundo
Porque imóvel, elementar, autêntico, profundo
É o tempo nos parques.

A MANHÃ DO MORTO

O poeta, na noite de 25 de fevereiro de 1945, sonha que vários amigos seus perderam a vida num desastre de avião, em meio a uma inexplicável viagem para São Paulo.

Noite de angústia: que sonho
Que debater-se, que treva...
...é um grande avião que leva
amigos meus no seu bojo...
...depois, a horrível notícia:
FOI UM DESASTRE MEDONHO!

A mulher do poeta dá-lhe a dolorosa nova às oito da manhã, depois de uma telefonada de Rodrigo M. F. de Andrade.

Me acordam numa carícia...
O que foi que aconteceu?
Rodrigo telefonou.
MÁRIO DE ANDRADE MORREU.

Ao se levantar, o poeta sente incorporar-se a ele o amigo morto.

Ergo-me com dificuldade
Sentindo a presença dele
Do morto Mário de Andrade
Que muito maior do que eu
Mal cabe na minha pele.

Escovo os dentes na saudade
Do amigo que se perdeu
Olho o espelho: não sou eu
É o morto Mário de Andrade
Me olhando daquele espelho.

Tomo o café da manhã:
Café, de Mário de Andrade.

A necessidade de falar com o amigo denominador-comum, e o eco de Manuel Bandeira.

Não, meu caro, que eu me digo
Pensa com serenidade
Busca o consolo do amigo
Rodrigo M. F. de Andrade.

Telefono para Rodrigo
Ouço-o; mas na realidade
A voz que me chega ao ouvido
É a voz de Mário de Andrade.

*O passeio com o morto
Remate de males*

E saio para a cidade
Na canícula do dia
Lembro o nome de Maria
Também de Mário de Andrade
Do poeta Mário de Andrade.

Gesto familiar

Com grande dignidade
A dignidade de um morto
Anda a meu lado, absorto
O poeta Mário de Andrade
Com a manopla no meu ombro.

Goza a delícia de ver
Em seus menores resquícios.
Seus olhos refletem assombro.
Depois me fala: Vinicius
Que ma-ra-vilha é viver!

A cara do morto

Olho o grande morto enorme
Sua cara colossal
Nessa cara lábios roxos
E a palidez sepulcral
Específica dos mortos.

Essa cara me comove
De beatitude tamanha.

Chamo-o: Mário! ele não ouve
Perdido no puro êxtase
Da beleza da manhã.

Mas caminha com hombridade
Seus ombros suportam o mundo
Como no verso inquebrável
De Carlos Drummond de Andrade
E o meu verga-se ao defunto...

O eco de Pedro Nava

Assim passeio com ele
Vou ao dentista com ele
Vou ao trabalho com ele
Como bife ao lado dele
O gigantesco defunto
Com a sua gravata brique
E a sua infantilidade.

A tarde o morto abandona
subitamente o poeta para ir
enterrar-se.

Somente às cinco da tarde
Senti a pressão amiga
Desfazer-se do meu ombro...
Ia o morto se enterrar
No seu caixão de dois metros.

Não pude seguir o féretro
Por circunstâncias alheias
À minha e à sua vontade
(De fato, é grande a distância
Entre uma e outra cidade...
Aliás, teria medo
Porque nunca sei se um sonho
Não pode ser realidade).
Mas sofri na minha carne
O grande enterro da carne
Do poeta Mário de Andrade
Que morreu de *angina pectoris:*
Vivo na imortalidade.

MENSAGEM A RUBEM BRAGA

Os doces montes cônicos de feno
(Decassílabo solto num postal de
Rubem Braga, da Itália)

A meu amigo Rubem Braga
Digam que vou, que vamos bem: só não tenho é coragem de es-
[crever
Mas digam-lhe. Digam-lhe que é Natal, que os sinos
Estão batendo, e estamos no *Cavalão*: o Menino vai nascer
Entre as lágrimas do tempo. Digam-lhe que os tempos estão
[duros
Falta água, falta carne, falta às vezes o ar: há uma angústia
Mas fora isso vai-se vivendo. Digam-lhe que é verão no Rio
E apesar de hoje estar chovendo, amanhã certamente o céu se
[abrirá de azul
Sobre as meninas de maiô. Digam-lhe que Cachoeiro continua
[no mapa
E há meninas de maiô, altas e baixas, louras e morochas
E mesmo negras, muito engraçadinhas. Digam-lhe, entretanto
Que a falta de dignidade é considerável, e as perspectivas pobres
Mas sempre há algumas, poucas. Tirante isso, vai tudo bem
No *Vermelhinho*. Digam-lhe que a menina da Caixa
Continua impassível, mas Caloca acha que ela está melhorando
Digam-lhe que o Ceschiatti continua tomando chope, e eu tam-
[bém
Malgrado uma avitaminose B e o fígado ligeiramente inchado.
Digam-lhe que o tédio às vezes é mortal; respira-se com a mais
[extrema
Dificuldade; bate-se, e ninguém responde. Sem embargo
Digam-lhe que as mulheres continuam passando no alto de seus
[saltos, e a moda das saias curtas
E das mangas japonesas dão-lhes um novo interesse: ficam muito
[provocantes.

O diabo é de manhã, quando se sai para o trabalho, dá uma tris-
[teza, a rotina: para a tarde melhora.
Oh, digam a ele, digam a ele, a meu amigo Rubem Braga
Correspondente de guerra, 250 FEB, atualmente em algum lu-
[gar da Itália
Que ainda há auroras apesar de tudo, e o esporro das cigarras
Na claridade matinal. Digam-lhe que o mar no Leblon
Porquanto se encontre eventualmente cocô boiando, devido aos
[despejos
Continua a lavar todos os males. Digam-lhe, aliás
Que há cocô boiando por aí tudo, mas que em não havendo ma-
[rola
A gente se aguenta. Digam-lhe que escrevi uma carta terna
Contra os escritores mineiros: ele ia gostar. Digam-lhe
Que outro dia vi Elza-Simpatia-é-quase-Amor. Foi para os Esta-
[dos Unidos
E riu muito de eu lhe dizer que ela ia fazer falta à paisagem ca-
[rioca
Seu riso me deu vontade de beber: a tarde
Ficou tensa e luminosa. Digam-lhe que outro dia, na rua Larga
Vi um menino em coma de fome (coma de fome soa esquisito,
[parece
Que havendo coma não devia haver fome: mas havia).
Mas em compensação estive depois com o Aníbal
Que embora não dê para alimentar ninguém, é um amigo Di-
[gam-lhe que o Carlos
Drummond tem escrito ótimos poemas, mas eu larguei o *Suple-*
[*mento*
Digam-lhe que está com cara de que vai haver muita miséria-de-
[-fim-de-ano
Há, de um modo geral, uma acentuada tendência para sem beber
[e uma ânsia
Nas pessoas de se estrafegarem. Digam-lhe que o Compadre
[está na insulina
Mas que a Comadre está linda. Digam-lhe que de quando em vez
[o Miranda passa

E ri com ar de astúcia. Digam-lhe, oh, não se esqueçam de dizer
A meu amigo Rubem Braga, que comi camarões no *Antero*
Ovas na *Cabaça* e vatapá na *Furna*, e que tomei *plenty* coquinho
Digam-lhe também que o Werneck prossegue enamorado, está
[no tempo
De caju e abacaxi, e nas ruas
Já se perfumam os jasmineiros. Digam-lhe que têm havido
Poucos crimes passionais em proporção ao grande número de
[paixões
À solta. Digam-lhe especialmente
Do azul da tarde carioca, recortado
Entre o Ministério da Educação e a ABI. Não creio que haja igual
Mesmo em Capri. Digam-lhe porém que muito o invejamos
Tati e eu, e as saudades são grandes, e eu seria muito feliz
De poder estar um pouco a seu lado, fardado de segundo-sar-
[gento. Oh
Digam a meu amigo Rubem Braga
Que às vezes me sinto calhorda mas reajo, tenho tido meus maus
[momentos
Mas reajo. Digam-lhe que continuo aquele modesto lutador
Porém batata. Que estou perfeitamente esclarecido
E é bem capaz de nos revermos na Europa. Digam-lhe, discreta-
[mente
Que isso seria uma alegria boa demais: que se ele
Não mandar buscar Zorinha e Roberto antes, que certamente
Os levaremos conosco, que quero muito
Vê-lo em Paris, em Roma, em Bucareste. Digam, oh digam
A meu amigo Rubem Braga que é pena estar chovendo aqui
Neste dia tão cheio de memórias. Mas
Que beberemos à sua saúde, e ele há de estar entre nós
O bravo capitão Braga, seguramente o maior cronista do Brasil
Grave em seu gorro de campanha, suas sobrancelhas e seu bigode
[circunflexos
Terno em seus olhos de pescador de fundo
Feroz em seu focinho de lobo solitário

Delicado em suas mãos e no seu modo de falar ao telefone
E brindaremos à sua figura única, à sua poesia única, à sua revolta
[e ao seu cavalheirismo
Para que lá, entre as velhas paredes renascentes e *os doces montes*
[*cônicos de feno*
Lá onde a cobra está fumando o seu moderado cigarro brasi-
[leiro
Ele seja feliz também, e forte, e se lembre com saudades
Do Rio, de nós todos e ai! de mim.

BALADA DA MOÇA DO MIRAMAR

Silêncio da madrugada
No Edifício Miramar...
Sentada em frente à janela
Nua, morta, deslumbrada
Uma moça mira o mar.

Ninguém sabe quem é ela
Nem ninguém há de saber
Deixou a porta trancada
Faz bem uns dois cinco dias
Já começa a apodrecer
Seus ambos joelhos de âmbar
Furam-lhe o branco da pele
E a grande flor do seu corpo
Destila um fétido mel.

Mantém-se extática em face
Da aurora em elaboração
Embora formigas pretas
Que lhe entram pelos ouvidos
Se escapem por umas gretas
Do lado do coração.
Em volta é segredo: e móveis
Imóveis na solidão...
Mas apesar da necrose
Que lhe corrói o nariz
A moça está tão sem pose
Numa ilusão tão serena
Que, certo, morreu feliz.

A vida que está na morte
Os dedos já lhe comeu
Só lhe resta um aro de ouro
Que a morte em vida lhe deu
Mas seu cabelo de ouro
Rebrilha com tanta luz
Que a sua caveira é bela
E belo é seu ventre louro
E seus pelinhos azuis.

De noite é a lua quem ama
A moça do Miramar
Enquanto o mar tece a trama
Desse conúbio lunar
Depois é o sol violento
O sol batido de vento
Que vem com furor violeta
A moça violentar.

Muitos dias se passaram
Muitos dias passarão
À noite segue-se o dia
E assim os dias se vão
E enquanto os dias se passam
Trazendo a putrefação
À noite coisas se passam...
A moça e a lua se enlaçam
Ambas mortas de paixão.

Ah, morte do amor do mundo
Ah, vida feita de dar
Ah, sonhos sempre nascendo
Ah, sonhos sempre a acabar
Ah, flores que estão crescendo
Do fundo da podridão
Ah, vermes, morte vivendo

Nas flores ainda em botão
Ah, sonhos, ah, desesperos
Ah, desespero de amar
Ah, vida sempre morrendo
Ah, moça do Miramar!

BALANÇO DO FILHO MORTO

Homem sentado na cadeira de balanço
Sentado na cadeira de balanço
Na cadeira de balanço
De balanço
Balanço do filho morto.

Homem sentado na cadeira de balanço
Todo o teu corpo diz que sim
Teu corpo diz que sim
Diz que sim
Que sim, teu filho está morto.

Homem sentado na cadeira de balanço
Como um pêndulo, para lá e para cá
O pescoço fraco, a perna triste
Os olhos cheios de areia
Areia do filho morto.

Nada restituirá teu filho à vida
Homem sentado na cadeira de balanço
Tua meia caída, tua gravata
Sem nó, tua barba grande
São a morte
     são a morte
A morte do filho morto.

Silêncio de uma sala: e flores murchas.
Além um pranto frágil de mulher
De encontro à mesa, à estante, à pedra-mármore.

Um pranto... o olhar aberto sobre o vácuo
E no silêncio a sensação exata
Da voz, do riso, do reclamo débil.
Da órbita cega os olhos dolorosos
Fogem, moles, se arrastam como lesmas
Empós a doce, inexistente marca
Do vômito, da queda, da mijada.

Do braço foge a tresloucada mão
Para afagar a imponderável luz
De um cabelo sem som e sem perfume.
Fogem da boca lábios pressurosos
Para o beijo incolor na pele ausente.
Nascem ondas de amor que se desfazem
De encontro à mesa, à estante, à pedra-mármore.
Outra coisa não há senão o silêncio
Onde com pés de gelo uma criança
Brinca, perfeitamente transparente
Sua carne de leite, rosa e talco.
Pobre pai, pobre, pobre, pobre, pobre
Sem memória, sem músculo, sem nada
Além de uma cadeira de balanço
No infinito vazio... o sofrimento
Amordaçou-te a boca de amargura
E esbofeteou-te palidez na cara.
Ergues nos braços uma imagem pura
E não teu filho; jogas para cima
Um bocado de espaço e não teu filho
Não são cachos que sopras, porém cinzas
A asfixiar o ar onde respiras.
Teu filho é morto; talvez fosse um dia
A pomba predileta, a glória, a messe
O teu porvir de pai; mas novo e tenro
Anjo, levou-o a morte com cuidado
De vê-lo tão pequeno e já exausto
De penar — e eis que agora tudo é morte

Em ti, não tens mais lágrimas, e amargo
É o cuspo do cigarro em tua boca.
Mas deixa que eu te diga, homem temente
Sentado na cadeira de balanço
Eu que moro no abismo, eu que conheço
O interior da entranha das mulheres
Eu que me deito à noite com os cadáveres
E liberto as auroras do meu peito:
Teu filho não morreu! a fé te salva
Para a contemplação da sua face
Hoje tornada a pequenina estrela
Da tarde, a jovem árvore que cresce
Em tua mão; teu filho não morreu!
Uma eterna criança está nascendo
Da esperança de um mundo em liberdade.
Serão teus filhos, todos, homem justo
Iguais ao filho teu; tira a gravata
Limpa a unha suja, ergue-te, faz a barba
Vai consolar tua mulher que chora...
E que a cadeira de balanço fique
Na sala, agora viva, balançando
O balanço final do filho morto.

BALADA DAS ARQUIVISTAS

Oh jovens anjos cativos
Que as asas vos machucais
Nos armários dos arquivos!
Delicadas funcionárias
Designadas por padrões
Prisioneiras honorárias
Da mais fria das prisões
É triste ver-vos, suaves
Entre monstros impassíveis
Trancadas a sete chaves:
Oh, puras e imarcescíveis!
Dizer que vós, bem-amadas
Conservai-vos impolutas
Mesmo fazendo a juntada
De processos e minutas!
Não se amargam vossas bocas
De índices e prefixos
Nem lembram os olhos das loucas
Vossos doces olhos fixos.
Curvai-vos para colossos
Hollerith, de aço hostil
Como se fora ante moços
Numa pavana gentil.
Antes não classificásseis
Os maços pelos assuntos
Criando a luta de classes
Num mundo de anseios juntos!
Enfermeiras de ambições
Conheceis, mudas, a nu

O lixo das promoções
E das exonerações
A bem do serviço público.
Ó Florences Nightingale
De arquivos horizontais:
Com que zelo alimentais
Esses eunucos leais
Que se abrem com chave yale!
Vossa linda juventude
Clama de vós, bem-amadas!
No entanto, viveis cercadas
De coisas padronizadas
Sem sexo e sem saúde...
Ah, ver-vos em primavera
Sobre papéis de ocasião
Na melancólica espera
De uma eterna certidão!
Ah, saber que em vós existe
O amor, a ternura, a prece
E saber que isso fenece
Num arquivo feio e triste!
Deixai-me carpir, crianças
A vossa imensa desdita
Prendestes as esperanças
Numa gaiola maldita.
Do fundo do meu silêncio
Eu vos incito a lutardes
Contra o Prefixo que vence
Os anjos acorrentados
E ir passear pelas tardes
De braço com os namorados.

A VERLAINE

Em memória de uma poesia
Cuja iluminação maldita
Lembra a da estrela que medita
Sobre a putrefação do dia:

Verlaine, pobre alma sem rumo
Louco, sórdido, grande irmão
Do sangue do meu coração
Que te despreza e te compreende
Humildemente se desprende
Esta rosa para o teu túmulo.

A BOMBA ATÔMICA

I

$$e = mc^2$$
Einstein

Deusa, visão dos céus que me domina
...tu que és mulher e nada mais!
("Deusa", valsa carioca)

Dos céus descendo
Meu Deus eu vejo
De paraquedas?
Uma coisa branca
Como uma fôrma
De estatuária
Talvez a fôrma
Do homem primitivo
A costela branca!
Talvez um seio
Despregado à lua
Talvez o anjo
Tutelar cadente
Talvez a Vênus
Nua, de clâmide
Talvez a inversa
Branca pirâmide
Do pensamento
Talvez o troço
De uma coluna
Da eternidade

Apaixonado
Não sei indago
Dizem-me todos
É A BOMBA ATÔMICA.

Vem-me uma angústia.

Quisera tanto
Por um momento
Tê-la em meus braços
A coma ao vento
Descendo nua
Pelos espaços
Descendo branca
Branca e serena
Como um espasmo
Fria e corrupta
Do longo sêmen
Da Via Láctea
Deusa impoluta
O sexo abrupto
Cubo de prata
Mulher ao cubo
Caindo aos súcubos
Intemerata
Carne tão rija
De hormônios vivos
Exacerbada
Que o simples toque
Pode rompê-la
Em cada átomo
Numa explosão
Milhões de vezes
Maior que a força
Contida no ato
Ou que a energia

Que expulsa o feto
Na hora do parto.

II

A bomba atômica é triste
Coisa mais triste não há
Quando cai, cai sem vontade
Vem caindo devagar
Tão devagar vem caindo
Que dá tempo a um passarinho
De pousar nela e voar...
Coitada da bomba atômica
Que não gosta de matar!

Coitada da bomba atômica
Que não gosta de matar
Mas que ao matar mata tudo
Animal e vegetal
Que mata a vida da terra
E mata a vida do ar
Mas que também mata a guerra...
Bomba atômica que aterra!
Pomba atônita da paz!

Pomba tonta, bomba atômica
Tristeza, consolação
Flor puríssima do urânio
Desabrochada no chão
Da cor pálida do helium
E odor de radium fatal
Loelia mineral carnívora
Radiosa rosa radical.

Nunca mais, oh bomba atômica
Nunca, em tempo algum, jamais

Seja preciso que mates
Onde houve morte demais:
Fique apenas tua imagem
Aterradora miragem
Sobre as grandes catedrais:
Guarda de uma nova era
Arcanjo insigne da paz!

III

Bomba atômica, eu te amo! és pequenina
E branca como a estrela vespertina
E por branca eu te amo, e por donzela
De dois milhões mais bélica e mais bela
Que a donzela de Orléans; eu te amo, deusa
Atroz, visão dos céus que me domina
Da cabeleira loura de platina
E das formas aerodivinais
— Que és mulher, que és mulher e nada mais!
Eu te amo, bomba atômica, que trazes
Numa dança de fogo, envolta em gazes
A desagregação tremenda que espedaça
A matéria em energias materiais!
Oh energia, eu te amo, igual à massa
Pelo quadrado da velocidade
Da luz! alta e violenta potestade
Serena! Meu amor, desce do espaço
Vem dormir, vem dormir no meu regaço
Para te proteger eu me encouraço
De canções e de estrofes magistrais!
Para te defender, levanto o braço
Paro as radiações espaciais
Uno-me aos líderes e aos bardos, uno-me
Ao povo, ao mar e ao céu brado o teu nome
Para te defender, matéria dura
Que és mais linda, mais límpida e mais pura

Que a estrela matutina! Oh bomba atômica
Que emoção não me dá ver-te suspensa
Sobre a massa que vive e se condensa
Sob a luz! Anjo meu, fora preciso
Matar, com tua graça e teu sorriso
Para vencer? Tua enérgica poesia
Fora preciso, oh deslembrada e fria
Para a paz? Tua fragílima epiderme
Em cromáticas brancas de cristais
Rompendo? Oh átomo, oh neutrônio, oh germe
Da união que liberta da miséria!
Oh vida palpitando na matéria
Oh energia que és o que não eras
Quando o primeiro átomo incriado
Fecundou o silêncio das Esferas:
Um olhar de perdão para o passado
Uma anunciação de primaveras!

AURORA, COM MOVIMENTO

(Posto 3)

A linha móvel do horizonte
Atira para cima o sol em diabolô
Os ventos de longe
Agitam docemente os cabelos da rocha
Passam em fachos o primeiro automóvel, a última estrela
A mulher que avança
Parece criar esferas exaltadas pelo espaço
Os pescadores puxando o arrastão parecem mover o mundo
O cardume de botos na distância parece mover o mar.

BALADA DO MORTO VIVO

Tatiana, hoje vou contar
O caso do Inglês espírito
Ou melhor: do morto vivo.

Diz que mesmo sucedeu
E a dona protagonista
Se quiser pode ser vista
No hospício mais relativo
Ao sítio onde isso se deu.

Diz também que é muito raro
Que por mais cético o ouvinte
Não passe uma noite em claro:
Sendo assim, por conseguinte
Se quiser diga que eu paro.

Se achar que é mentira minha
Olhe só para essa pele
Feito pele de galinha...

Dou início: foi nos faustos
Da borracha do Amazonas.
Às margens do rio Negro
Sobre uma balsa habitável
Um dia um casal surgiu
Ela chamada Lunalva
Formosa mulher de cor
Ele por alcunha Bill
Um inglês comercial
Agente da Rubber Co.

Mas o fato é que talvez
Por ter nascido na Escócia
E ser portanto escocês
Ninguém de Bill o chamava
Com exceção de Lunalva
Mas simplesmente de Inglês.

Toda manhã que Deus dava
Lunalva com muito amor
Fazia um café bem quente
Depois o Inglês acordava
E o homem saía contente
Fumegando o seu cachimbo
Na sua lancha a vapor.

Toda manhã que Deus dava.

Somente com o sol-das-almas
O Inglês à casa voltava.

Que coisa engraçada: espia
Como só de pensar nisso
Meu cabelo se arrepia...

Um dia o Inglês não voltou.

A janta posta, Lunalva
Até o cerne da noite
Em pé na porta esperou.

Uma eu lhe digo, Tatiana:
A lua tinha enloucado
Nesse dia da semana...
Era uma lua tão alva
Era uma lua tão fria

Que até mais frio fazia
No coração de Lunalva.

No rio negroluzente
As árvores balouçantes
Pareciam que falavam
Com seus ramos tateantes
Tatiana, do incidente.

Um constante balbucio
Como o de alguém muito em mágoa
Parecia vir do rio.
Lunalva, num desvario
Não tirava os olhos da água.

Às vezes, dos igapós
Subia o berro animal
De algum jacaré feroz
Praticando o amor carnal
Depois caía o silêncio...

E então voltava o cochicho
Da floresta, entrecortado
Pelo rir mal-assombrado
De algum mocho excomungado
Ou pelo uivo de algum bicho.

Na porta em luzcancarada
Só Lunalva, lunalvada.

Súbito, ó Deus justiceiro!
Que é esse estranho ruído?
Que é esse escuro rumor?
Será um sapo-ferreiro
Ou é o moço meu marido
Na sua lancha a vapor?

Na treva sonda Lunalva...
Graças, meu Pai! Graças mil!
Aquele vulto... era o Bill
A lancha... era a *Arimedalva!*

"Ah, meu senhor, que desejo
De rever-te em casa em paz...
Que frio que está teu beijo!
Que pálido, amor, que estás!"

Efetivamente o Bill
Talvez devido à friagem
Que crepitava do rio
Voltara dessa viagem
Muito branco e muito frio.

"Tenho nada, minha nega
Senão fome e amor ardente
Dá-me um trago de aguardente
Traz o pão, passa a manteiga!
E aproveitando do ensejo
Me apaga esse lampião
Estou morrendo de desejo
Amemos na escuridão!"

Embora estranhando um pouco
A atitude do marido
Lunalva tira o vestido
Semilouca de paixão.

Tatiana, naquele instante
Deitada naquela cama
Lunalva se surpreendeu
Não foi mulher, foi amante
Agiu que nem mulher-dama
Tudo o que tinha lhe deu.

No outro dia, manhãzinha
Acordando estremunhada
Lunalva soltou risada
Ao ver que não estava o Bill.

Muito Lunalva se riu
Vendo a mesa por tirar.

Indo se mirar no espelho
Lunalva mal pôde andar
De fraqueza no joelho.
E que olhos pisados tinha!

Não rias, pobre Lunalva
Não rias, morena flor
Que a tua agora alegria
Traz a semente do horror!

Eis senão quando, no rio
Um barulho de motor.

À porta Lunalva voa
A tempo de ver chegando
Um bando de montarias
E uns cabras dentro remando
Tudo isso acompanhando
A lancha a vapor do Bill
Com um corpo estirado à proa.

Tatiana, põe só a mão:
Escuta como dispara
De medo o meu coração.

Em frente da balsa para
A lancha com o corpo em cima
Os caboclos se descobrem

Lunalva que se aproxima
Levanta o pano, olha a cara
E dá um medonho grito.

"Meu Deus, o meu Bill morreu!
Por favor me diga, mestre
O que foi que aconteceu?"

E o mestre contou contado:
O Inglês caíra no rio
Tinha morrido afogado.

Quando foi?... ontem de tarde.

Diz — que ninguém esqueceu
A gargalhada de louca
Que a pobre Lunalva deu.

Isso não é nada, Tatiana:
Ao cabo de nove luas
Um filho varão nasceu.

O filho que ela pariu
Diz que, Tatiana, diz que era
A cara escrita do Bill:

A cara escrita e escarrada...

Diz que até hoje se escuta
O riso da louca insana
No hospício, de madrugada.

É o que lhe digo, Tatiana...

O SACRIFÍCIO DA AURORA

Um dia a Aurora chegou-se
Ao meu quarto de marfim
E com seu riso mais doce
Deitou-se junto de mim
Beijei-lhe a boca orvalhada
E a carne tímida e exangue
A carne não tinha sangue
A boca sabia a nada.

Apaixonei-me da Aurora
No meu quarto de marfim
Todo o dia à mesma hora
Amava-a só para mim
Palavras que me dizia
Transfiguravam-se em neve
Era-lhe o peso tão leve
Era-lhe a mão tão macia.

Às vezes me adormecia
No meu quarto de marfim
Para acordar, outro dia
Com a Aurora longe de mim
Meu desespero covarde
Levava-me dia afora
Andando em busca da Aurora
Sem ver Manhã, sem ver Tarde.

Hoje, ai de mim, de cansado
Há dias que até da vida

Durmo com a Noite, ausentado
Da minha Aurora esquecida...
É que apesar de sombria
Prefiro essa grande louca
À Aurora, que além de pouca
É fria, meu Deus, é fria!

SONETO DA MULHER INÚTIL

De tanta graça e de leveza tanta
Que quando sobre mim, como a teu jeito
Eu tão de leve sinto-te no peito
Que o meu próprio suspiro te levanta.

Tu, contra quem me esbato liquefeito
Rocha branca! brancura que me espanta
Brancos seios azuis, nívea garganta
Branco pássaro fiel com que me deito.

Mulher inútil, quando nas noturnas
Celebrações, náufrago em teus delírios
Tenho-te toda, branca, envolta em brumas.

São teus seios tão tristes como urnas
São teus braços tão finos como lírios
É teu corpo tão leve como plumas.

Rio, maio, 1943

O RIO

Uma gota de chuva
A mais, e o ventre grávido
Estremeceu, da terra.
Através de antigos
Sedimentos, rochas
Ignoradas, ouro
Carvão, ferro e mármore
Um fio cristalino
Distante milênios
Partiu fragilmente
Sequioso de espaço
Em busca de luz.

Um rio nasceu.

BILHETE A BAUDELAIRE

Poeta, um pouco à tua maneira
E para distrair o *spleen*
Que estou sentindo vir a mim
Em sua ronda costumeira

Folheando-te, reencontro a rara
Delícia de me deparar
Com tua sordidez preclara
Na velha foto de Carjat

Que não revia desde o tempo
Em que te lia e te relia
A ti, a Verlaine, a Rimbaud...

Como passou depressa o tempo
Como mudou a poesia
Como teu rosto não mudou!

Los Angeles, 1947

A MORTE DE MADRUGADA

Muerto cayó Federico
Antonio Machado

Uma certa madrugada
Eu por um caminho andava
Não sei bem se estava bêbado
Ou se tinha a morte n'aima
Não sei também se o caminho
Me perdia ou encaminhava
Só sei que a sede queimava-me
A boca desidratada.
Era uma terra estrangeira
Que me recordava algo
Com sua argila cor de sangue
E seu ar desesperado.
Lembro que havia uma estrela
Morrendo no céu vazio
De uma outra coisa me lembro:
... *Un horizonte de perros*
Ladra muy lejos del río...

De repente reconheço:
Eram campos de Granada!
Estava em terras de Espanha
Em sua terra ensanguentada
Por que estranha providência
Não sei... não sabia nada...
Só sei da nuvem de pó
Caminhando sobre a estrada
E um duro passo de marcha
Que em meu sentido avançava.

Como uma mancha de sangue
Abria-se a madrugada
Enquanto a estrela morria
Numa tremura de lágrima
Sobre as colinas vermelhas
Os galhos também choravam
Aumentando a fria angústia
Que de mim transverberava.

Era um grupo de soldados
Que pela estrada marchava
Trazendo fuzis ao ombro
E impiedade na cara
Entre eles andava um moço
De face morena e cálida
Cabelos soltos ao vento
Camisa desabotoada.
Diante de um velho muro
O tenente gritou: Alto!
E à frente conduz o moço
De fisionomia pálida.
Sem ser visto me aproximo
Daquela cena macabra
Ao tempo em que o pelotão
Se dispunha horizontal.

Súbito um raio de sol
Ao moço ilumina a face
E eu à boca levo as mãos
Para evitar que gritasse.
Era ele, era Federico
O poeta meu muito amado
A um muro de pedra seca
Colado, como um fantasma.
Chamei-o: García Lorca!
Mas já não ouvia nada

O horror da morte imatura
Sobre a expressão estampada...
Mas que me via, me via
Porque em seus olhos havia
Uma luz mal disfarçada.
Com o peito de dor rompido
Me quedei, paralisado
Enquanto os soldados miram
A cabeça delicada.

Assim vi a Federico
Entre dois canos de arma
A fitar-me estranhamente
Como querendo falar-me.
Hoje sei que teve medo
Diante do inesperado
E foi maior seu martírio
Do que a tortura da carne.
Hoje sei que teve medo
Mas sei que não foi covarde
Pela curiosa maneira
Com que de longe me olhava
Como quem me diz: a morte
É sempre desagradável
Mas antes morrer ciente
Do que viver enganado.

Atiraram-lhe na cara
Os vendilhões de sua pátria
Nos seus olhos andaluzes
Em sua boca de palavras.
Muerto cayó Federico
Sobre a terra de Granada
La tierra del inocente
No la tierra del culpable.
Nos olhos que tinha abertos

Numa infinita mirada
Em meio a flores de sangue
A expressão se conservava
Como a segredar-me: — A morte
É simples, de madrugada...

O ASSASSINO

Meninas de colégio
Apenas acordadas
Desuniformizadas
Em vossos uniformes
Anjos longiformes
De faces rosadas
E pernas enormes
Quem vos acompanha?

Quem vos acompanha
Colegiais aladas
Nas longas estradas
Que vão da campanha
Às vossas moradas?
Onde está o pastor
Que vos arrebanha
Rebanho de risos?

Rebanho de risos
Que tingem o poente
Da cor impudente
Das coisas contadas
Entre tanto riso!
Meninas levadas
Não tendes juízo
Nas vossas cabeças?

Nas vossas cabeças
Como um cata-vento

Nem por um momento
A ideia vos passa
Do grande perigo
Que vos ameaça
E a que não dais tento
Meninas sem tino!

Pois não tendes tino
Brotos malfadados
Que aí pelos prados
Há um assassino
Que à vossa passagem
Põe olhos malvados
Por entre a folhagem...

Cuidado, meninas!

POEMA ENJOADINHO

Filhos... Filhos?
Melhor não tê-los!
Mas se não os temos
Como sabê-lo?
Se não os temos
Que de consulta
Quanto silêncio
Como os queremos!
Banho de mar
Diz que é um porrete...
Cônjuge voa
Transpõe o espaço
Engole água
Fica salgada
Se iodifica
Depois, que boa
Que morenaço
Que a esposa fica!
Resultado: filho.
E então começa
A aporrinhação:
Cocô está branco
Cocô está preto
Bebe amoníaco
Comeu botão.
Filhos? Filhos
Melhor não tê-los
Noites de insônia
Cãs prematuras

Prantos convulsos
Meu Deus, salvai-o!
Filhos são o demo
Melhor não tê-los...
Mas se não os temos
Como sabê-los?
Como saber
Que macieza
Nos seus cabelos
Que cheiro morno
Na sua carne
Que gosto doce
Na sua boca!
Chupam gilete
Bebem xampu
Ateiam fogo
No quarteirão
Porém, que coisa
Que coisa louca
Que coisa linda
Que os filhos são!

SONETO DO SÓ

(Parábola de Malte Laurids Brigge)

Depois foi só. O amor era mais nada
Sentiu-se pobre e triste como Jó
Um cão veio lamber-lhe a mão na estrada
Espantado, parou. Depois foi só.

Depois veio a poesia ensimesmada
Em espelhos. Sofreu de fazer dó
Viu a face de Cristo ensanguentada
Da sua, imagem — e orou. Depois foi só.

Depois veio o verão e veio o medo
Desceu de seu castelo até o rochedo
Sobre a noite e do mar lhe veio a voz

A anunciar os anjos sanguinários...
Depois cerrou os olhos solitários
E só então foi totalmente a sós.

Rio, 1946

A PERA

Como de cera
E por acaso
Fria no vaso
A entardecer

A pera é um pomo
Em holocausto
À vida, como
Um seio exausto

Entre bananas
Supervenientes
E maçãs lhanas

Rubras, contentes
A pobre pera:
Quem manda ser a?

Los Angeles, 1947

A PAIXÃO DA CARNE

Envolto em toalhas
Frias, pego ao colo
O corpo escaldante.
Tem apenas dois anos
E embora não fale
Sorri com doçura.
É Pedro, meu filho
Sêmen feito carne
Minha criatura
Minha poesia.
É Pedro, meu filho
Sobre cujo sono
Como sobre o abismo
Em noites de insônia
Um pai se debruça.
Olho no termômetro:
Quarenta e oito décimos
E através do pano
A febre do corpo
Bafeja-me o rosto
Penetra-me os ossos
Desce-me às entranhas
Úmida e voraz
Angina pultácea
Estreptocócica?
Quem sabe... quem sabe...
Aperto meu filho
Com força entre os braços
Enquanto crisálidas

Em mim se desfazem
Óvulos se rompem
Crostas se bipartem
E de cada poro
Da minha epiderme
Lutam lepidópteros
Por se libertar.
Ah, que eu já sentisse
Os êxtases máximos
Da carne nos rasgos
Da paixão espúria!
Ah, que eu já bradasse
Nas horas de exalta-
Ção os mais lancinantes
Gritos de loucura!
Ah, que eu já queimasse
Da febre mais quente
Que jamais queimasse
A humana criatura!
Mas nunca como antes
Nunca! nunca! nunca!
Nem paixão tão alta
Nem febre tão pura.

A AUSENTE

Amiga, infinitamente amiga
Em algum lugar teu coração bate por mim
Em algum lugar teus olhos se fecham à ideia dos meus
Em algum lugar tuas mãos se crispam, teus seios
Se enchem de leite, tu desfaleces e caminhas
Como que cega ao meu encontro...
Amiga, última doçura
A tranquilidade suavizou a minha pele
E os meus cabelos. Só meu ventre
Te espera, cheio de raízes e de sombras.
Vem, amiga
Minha nudez é absoluta
Meus olhos são espelhos para o teu desejo
E meu peito é tábua de suplícios
Vem. Meus músculos estão doces para os teus dentes
E áspera é minha barba. Vem mergulhar em mim
Como no mar, vem nadar em mim como no mar
Vem te afogar em mim, amiga minha
Em mim como no mar...

A ROSA DE HIROSHIMA

Pensem nas crianças
Mudas telepáticas
Pensem nas meninas
Cegas inexatas
Pensem nas mulheres
Rotas alteradas
Pensem nas feridas
Como rosas cálidas
Mas oh não se esqueçam
Da rosa da rosa
Da rosa de Hiroshima
A rosa hereditária
A rosa radioativa
Estúpida e inválida
A rosa com cirrose
A antirrosa atômica
Sem cor sem perfume
Sem rosa sem nada.

SONETO A SERGEI
MIKHAILOVITCH EISENSTEIN*

Pelas auroras imobilizadas
No instante anterior; pelos gerais
Milagres da matéria; pela paz
Da matéria; pelas transfiguradas

Faces da História; pelo conteúdo
Da História e em nome de seus grandes idos
Pela correspondência dos sentidos
Pela vida a pulsar dentro de tudo

Pelas nuvens errantes; pelos montes
Pelos inatingíveis horizontes
Pelos sons; pelas cores; pela voz

Humana; pelo Velho e pelo Novo
Pelo misterioso amor do povo
Spasibo, tovarishch. Khorosho.

Los Angeles, 12 fev., 1948

(*) Para "Tríptico na morte de Mikhailovitch Eisenstein", ver apêndice p. 318.

PÁTRIA MINHA

A minha pátria é como se não fosse, é íntima
Doçura e vontade de chorar; uma criança dormindo
É minha pátria. Por isso, no exílio
Assistindo dormir meu filho
Choro de saudades de minha pátria.

Se me perguntarem o que é a minha pátria, direi:
Não sei. De fato, não sei
Como, por que e quando a minha pátria
Mas sei que a minha pátria é a luz, o sal e a água
Que elaboram e liquefazem a minha mágoa
Em longas lágrimas amargas.

Vontade de beijar os olhos de minha pátria
De niná-la, de passar-lhe a mão pelos cabelos...
Vontade de mudar as cores do vestido (auriverde!) tão feias
De minha pátria, de minha pátria sem sapatos
E sem meias, pátria minha
Tão pobrinha!

Porque te amo tanto, pátria minha, eu que não tenho
Pátria, eu semente que nasci do vento
Eu que não vou e não venho, eu que permaneço
Em contato com a dor do tempo, eu elemento
De ligação entre a ação e o pensamento
Eu fio invisível no espaço de todo o adeus
Eu, o sem Deus!

Tenho-te no entanto em mim como um gemido
De flor; tenho-te como um amor morrido

A quem se jurou; tenho-te como uma fé
Sem dogma; tenho-te em tudo em que não me sinto a jeito
Nesta sala estrangeira com lareira
E sem pé-direito.

Ah, pátria minha, lembra-me uma noite no Maine, Nova Ingla-
[terra
Quando tudo passou a ser infinito e nada terra
E eu vi Alfa e Beta de Centauro escalarem o monte até o céu
Muitos me surpreenderam parado no campo sem luz
À espera de ver surgir a Cruz do Sul
Que eu sabia, mas amanheceu...

Fonte de mel, bicho triste, pátria minha
Amada, idolatrada, salve, salve!
Que mais doce esperança acorrentada
O não poder dizer-te: aguarda...
Não tardo!

Quero rever-te, pátria minha, e para
Rever-te me esqueci de tudo
Fui cego, estropiado, surdo, mudo
Vi minha humilde morte cara a cara
Rasguei poemas, mulheres, horizontes
Fiquei simples, sem fontes.

Pátria minha... A minha pátria não é florão, nem ostenta
Lábaro não; a minha pátria é desolação
De caminhos, a minha pátria é terra sedenta
E praia branca; a minha pátria é o grande rio secular
Que bebe nuvem, come terra
E urina mar.

Mais do que a mais garrida a minha pátria tem
Uma quentura, um querer bem, um bem
Um *libertas quae sera tamen*

Que um dia traduzi num exame escrito:
"Liberta que serás também"
E repito!

Ponho no vento o ouvido e escuto a brisa
Que brinca em teus cabelos e te alisa
Pátria minha, e perfuma o teu chão...
Que vontade me vem de adormecer-me
Entre teus doces montes, pátria minha
Atento à fome em tuas entranhas
E ao batuque em teu coração.

Não te direi o nome, pátria minha
Teu nome é pátria amada, é patriazinha
Não rima com mãe gentil
Vives em mim como uma filha, que és
Uma ilha de ternura: a Ilha
Brasil, talvez.

Agora chamarei a amiga cotovia
E pedirei que peça ao rouxinol do dia
Que peça ao sabiá
Para levar-te presto este avigrama:
"Pátria minha, saudades de quem te ama...
Vinicius de Moraes".

O CROCODILO

O crocodilo que do Nilo
Ainda apavora a cristandade
Pode ser dócil como o filho
Que chora ao ver-se desamado.

Mas nunca como ele injusto
Que se ergue hediondo de manhã
E vai e espeta um grampo justo
No umbigo de sua própria mãe.

O crocodilo espreita a garça
Sim, mas por fome, e se restringe
Mas e o filho, que à pobre ave
Acompanha no Y do estilingue?

A lama pode ser um berço
Para um crocodiliano
No entanto o filho come o esterco
Apenas porque a mãe diz não.

Tem o crocodilo um amigo
Num pássaro que lhe palita
Os dentes e o alerta ao perigo:
Mas no filho, quem acredita?

O filho sai e esquece a mãe
E insulta o outro e o outro o insulta
É ver o simples caimão
Que nunca diz: filho da puta!

O crocodilo tem um sestro
De cio: guia-se pelo olfato
Mas o filho pratica o incesto
Absolutamente *ipso facto*.

Chamam ao pequeno crocodilo
Paleosuchus palpebrosus
Porém o que me admira é o filho
Que vive em pálpebras de ócio.

O filho é um monstro. E uma vos digo
Ainda por píssico me tomem:
Nunca verei um crocodilo
Chorando lágrimas de homem.

HISTÓRIA PASSIONAL,
HOLLYWOOD, CALIFÓRNIA

Preliminarmente telegrafar-te-ei uma dúzias de rosas
Depois levar-te-ei a comer um *shop-suey*
Se a tarde também for loura abriremos a capota
Teus cabelos ao vento marcarão oitenta milhas.

Dar-me-ás um beijo com batom marca indelével
E eu pegarei tua coxa rija como a madeira
Sorrirás para mim e eu porei óculos escuros
Ante o brilho de teus dois mil dentes de esmalte.

Mascaremos cada um uma caixa de goma
E iremos ao *Chinese* cheirando a hortelã-pimenta
A cabeça no meu ombro sonharás duas horas
Enquanto eu me divirto no teu seio de arame.

De novo no automóvel perguntarei se queres
Me dirás que tem tempo e me darás um abraço
Tua fome reclama uma salada mista
Verei teu rosto através do suco de tomate.

Te ajudarei cavalheiro com o abrigo de chinchila
Na saída constatarei tuas *nylon* 57
Ao andares, algo em ti range em dó sustenido
Pelo andar em que vais sei que queres dançar rumba.

Beberás vinte uísques e ficarás mais terna
Dançando sentirei tuas pernas entre as minhas
Cheirarás levemente a cachorro lavado
Possuis cem rotações de quadris por minuto.

De novo no automóvel perguntarei se queres
Me dirás que hoje não, amanhã tens filmagem
Fazes a cigarreira num clube de má fama
E há uma cena em que vendes um maço a George Raft.

Telegrafar-te-ei então uma orquídea sexuada
No escritório esperarei que tomes sal de frutas
Vem-te um súbito desejo de comida italiana
Mas queres deitar cedo, tens uma dor de cabeça!

À porta de tua casa perguntarei se queres
Me dirás que hoje não, vais ficar dodói mais tarde
De longe acenarás um adeus sutilíssimo
Ao constatares que estou com a bateria gasta.

Dia seguinte esperarei com o rádio do carro aberto
Te chamando mentalmente de galinha e outros nomes
Virás então dizer que tens comida em casa
De avental abrirei latas e enxugarei pratos.

Tua mãe perguntará se há muito que sou casado
Direi que há cinco anos e ela fica calada
Mas como somos moços, precisamos divertir-nos
Sairemos de automóvel para uma volta rápida.

No alto de uma colina perguntar-te-ei se queres
Me dirás que nada feito, estás com uma dor do lado
Nervosos meus cigarros se fumarão sozinhos
E acabo machucando os dedos na tua cinta.

Dia seguinte vens com um suéter elástico
Sapatos mocassim e meia curta vermelha
Te levo pra dançar um ligeiro *jitterbug*
Teus vinte deixam os meus trinta e poucos cansados.

Na saída te vem um desejo de boliche
Jogas na perfeição, flertando o moço ao lado
Dás o telefone a ele e perguntas se me importo
Finjo que não me importo e dou saída no carro.

Estás louca para tomar uma coca gelada
Debruças-te sobre mim e me mordes o pescoço
Passo de leve a mão no teu joelho ossudo
Perdido de repente numa grande piedade.

Depois pergunto se queres ir ao meu apartamento
Me matas a pergunta com um beijo apaixonado
Dou um soco na perna e aperto o acelerador
Finges-te de assustada e falas que dirijo bem.

Que é daquele perfume que eu te tinha prometido?
Compro o Chanel 5 e acrescento um bilhete gentil
"Hoje vou lhe pagar um jantar de vinte dólares
E se ela não quiser, juro que não me responsabilizo..."

Vens cheirando a lilás e com saltos, meu Deus, tão altos
Que eu fico lá embaixo e com um ar avacalhado
Dás ordens ao garçom de caviar e champanha
Depois arrotas de leve me dizendo *I beg your pardon*.

No carro distraído deixo a mão na tua perna
Depois vou te levando para o alto de um morro
Em cima tiro o anel, quero casar contigo
Dizes que só acedes depois do meu divórcio.

Balbucio palavras desconexas e esdrúxulas
Quero romper-te a blusa e mastigar-te a cara
Não tens medo nenhum dos meus loucos arroubos
E me destroncas o dedo com um golpe de jiu-jítsu.

Depois tiras da bolsa uma caixa de goma
E mascas furiosamente dizendo barbaridades
Que é que eu penso que és, se não tenho vergonha
De fazer tais propostas a uma moça solteira.

Balbucio uma desculpa e digo que estava pensando...
Falas que eu pense menos e me fazes um agrado
Me pedes um cigarro e riscas o fósforo com a unha
E eu fico boquiaberto diante de tanta habilidade.

Me pedes para te levar a comer uma salada
Mas de súbito me vem uma consciência estranha
Vejo-te como uma cabra pastando sobre mim
E odeio-te de ruminares assim a minha carne.

E então fico possesso, dou-te um murro na cara
Destruo-te a carótida a violentas dentadas
Ordenho-te até o sangue escorrer entre meus dedos
E te possuo assim, morta e desfigurada.

Depois arrependido choro sobre o teu corpo
E te enterro numa vala, minha pobre namorada...
Fujo mas me descobrem por um fio de cabelo
E seis meses depois morro na câmara de gás.

EPITALÂMIO

Esta manhã a casa madruguei.
Havia elfos alados nos gelados
Raios de sol da sala quando entrei.
Sentada na cadeira de balanço
Resplendente, uma fada balançava-se
Numa poça de luz. Minha chegada
Gigantesca assustou os gnomos mínimos
Que vertiginosamente se escoaram
Pelas frinchas dos rodapés. A estranha
Presença matinal do ser noturno
Desencadeou no cerne da matéria
O entusiasmo dos átomos. Coraram
Os móveis decapês, tremeram os vidros
Estalaram os armários de alegria.
Eram os claros cristais de luz tão frágeis
Que ao tocar um, desfez-se nos meus dedos
Em poeira translúcida, vibrando
Tremulinas e arpejos inefáveis.
Era o inverno, ainda púbere. Bebi
Sofregamente um grande copo de ar
E recitei o meu epitalâmio.
Nomes como uma flor, uma explosão
De flor, vieram da infância envolta em trevas
Penetrados de vozes. Num segundo
Pensei ver o meu próprio nascimento
Mas fugi, tive medo. Não devera
A poesia...
Tão extremo era o transe matutino
Que pareceu-me haver perdido o peso

E esquecido dos meus trinta e quatro anos
Da clássica ruptura do menisco
E das demais responsabilidades
Pus-me a correr à volta do sofá
Atrás de prima Alice, a que morreu
De consumpção e me deixava triste.
Infelizmente acrescentei em quilos
E logo me cansei: mas as asinhas
Nos calcanhares eram bimotores
A querer arrancar. Pé ante pé
Fui esconder-me atrás da geladeira
O corpo em bote, os olhos em alegria
Para esperar a entrada de Maria
A empregada da Ilha, também morta
Mas de doença de homem — que era aquela
Confusão de querer-se e malquerer-se
Aquela multiplicação de seios
Aquele desperdício de saliva
E mãos transfixiantes, nomes feios
E massas pouco a pouco se encaixando
Em decúbito, até a grande inércia
Cheia de mar (Maria era mulata!).
Depois foi Nina, a plácida menina
Dos pulcros atos sem concupiscência
Que me surgiu. Mandava-me missivas
Cifradas que eu, terrível flibusteiro
Escondia no muro de uma casa
(Esqueci de que casa...). Mas surpresa
Foi quando vi Alba surgir da aurora
Alba, a que me deixou examiná-la
Grande obstetra, com a lente de aumento
Dos textos em latim de meu avô
Alba, a que amava as lagartixas secas
Alba, a ridícula, morta de crupe.
Milagre da manhã recuperada!
A infância! Sombra, és tu? Até tu, Sombra...

Sombra, contralto, entre os paralelepípedos
Do coradouro do quintal. Oh, tu
Que me violaste, negra, sobre o linho
Muito obrigado, tenebroso Arcanjo
De ti me lembrarei! Bom dia, Linda
Como estás bela assim descalça, Linda
Vem comigo nadar! o mar é agora
A piscina de Onã, de lodo e alga...
Quantos cajus tu me roubaste, feia
Quanto silêncio em teus carinhos, Linda
Longe, nas águas... Sim! é a minha casa
É a minha casa, sim, a um grito apenas
Da praia! Alguém me chama, é a gaivota
Branca, é Marina! (A doida já chegava
Desabotoando o corpete de menina...)
Marina, como vais, jovem Marina
Deslembrada Marina... Vejo Vândala
A rústica, a operária, a compulsória
Que nos levava aos dez para os baldios
Da Fábrica, e como aos bilros, hábil
Aos dez de uma só vez manipulava
Em francas gargalhadas, e dizia
De mim: Ai, que este é o mais levado!
(Pela mulher, sim, Vândala, obrigado...)
E tu, Santa, casada, que me deste
O Coração, posto que de De Amicis
Tu que calçavas longamente as meias
Pretas que me tiraram o medo à treva
E às aranhas...'some, jetatura
Masturbação, desassossego, insônia!
Mas tu, pequena Maja, sê bem-vinda:
Lembra-me tuas tranças; recitavas
Fazias ponto-à-jour, tocavas piano
Pequena Maja... Foi preciso um ano
De namoro fechado, irmão presente
Para me dares, louco, de repente

Tua mão, como um pássaro assustado.
No entanto, te esqueci ao ver Altiva
Princesa absurda, cega, surda e muda
Ao meu amor, embora me adorando
De adoração tão pura. Tua cítara
Me ensinou um ódio estúpido à *Elegia*
De Massenet. Confesso, dispensava a cítara
Ia beber desesperado. Mas
Foi contigo, Suave, que o poeta
Apreendeu o sentido da humildade.
Estavas sempre à mão. Telefonava:
Vamos? Vinhas. Inda virias. Tinhas
Um riso triste. Foi o nada quereres
Que tão pouco te deu, tristonha ave...
Quanta melancolia! No cenário
Púrpura, surges, Pútrida, luética
Deusa amarela, circunscrita imagem...
Obrigado no entanto pelos êxtases
Aparentes; lembro-me que brilhava
Na treva antropofágica teu dente
De ouro, como um fogo em terra firme
Para o homem a nadar-te, extenuado.
Mas que não fuja ainda a enunciada
Visão... Clélia, adeus, minha Clélia, adeus!
Vou partir, pobre Clélia, navegar
No verde mar... vou me ausentar de ti!
Vejo chegar alguém que me procura
Alguém à porta, alguma desgraçada
Que se perdeu, a voz no telefone
Que não sei de quem é, a com que moro
E a que morreu... Quem és, responde!
És tu a mesma em todas renovada?

Sou eu! Sou eu! Sou eu! Sou eu! Sou eu!

CONJUGAÇÃO DA AUSENTE

Foram precisos mais dez anos e oito quilos
Muitas cãs e um princípio de abdômen
(Sem falar na Segunda Grande Guerra, na descoberta da penici-
[lina e na desagregação do átomo)
Foram precisos dois filhos e sete casas
(Em lugares como São Paulo, Londres, Cascais, Ipanema e
[Hollywood)
Foram precisos três livros de poesia e uma operação de apen-
[dicite
Algumas prevaricações e um *exequatur*
Fora preciso a aquisição de uma consciência política
E de incontáveis garrafas; fora preciso um desastre de avião
Foram precisas separações, tantas separações
Uma separação...

Tua graça caminha pela casa.
Moves-te blindada em abstrações, como um T. Trazes
A cabeça enterrada nos ombros qual escura
Rosa sem haste. És tão profundamente
Que irrelevas as coisas, mesmo do pensamento.
A cadeira é cadeira e o quadro é quadro
Porque te participam. Fora, o jardim
Modesto como tu, murcha em antúrios
A tua ausência. As folhas te outonam, a grama te
Quer. És vegetal, amiga...
Amiga! direi baixo o teu nome
Não ao rádio ou ao espelho, mas à porta
Que te emoldura, fatigada, e ao
Corredor que para

Para te andar, adunca, inutilmente
Rápida. Vazia a casa
Raios, no entanto, desse olhar sobejo
Oblíquos cristalizam tua ausência.
Vejo-te em cada prisma, refletindo
Diagonalmente a múltipla esperança
E te amo, te venero, te idolatro
Numa perplexidade de criança.

O FILHO DO HOMEM

O mundo parou
A estrela morreu
No fundo da treva
O infante nasceu.

Nasceu num estábulo
Pequeno e singelo
Com boi e charrua
Com foice e martelo.

Ao lado do infante
O homem e a mulher
Uma tal Maria
Um José qualquer.

A noite o fez negro
Fogo o avermelhou
A aurora nascente
Todo o amarelou.

O dia o fez branco
Branco como a luz
À falta de um nome
Chamou-se Jesus.

Jesus pequenino
Filho natural
Ergue-te, menino
É triste o Natal.

Natal de 1947

SONETO DE ANIVERSÁRIO

Passem-se dias, horas, meses, anos
Amadureçam as ilusões da vida
Prossiga ela sempre dividida
Entre compensações e desenganos.

Faça-se a carne mais envilecida
Diminuam os bens, cresçam os danos
Vença o ideal de andar caminhos planos
Melhor que levar tudo de vencida.

Queira-se antes ventura que aventura
À medida que a têmpora embranquece
E fica tenra a fibra que era dura.

E eu te direi: amiga minha, esquece...
Que grande é este amor meu de criatura
Que vê envelhecer e não envelhece.

POÉTICA (I)

De manhã escureço
De dia tardo
De tarde anoiteço
De noite ardo.

A oeste a morte
Contra quem vivo
Do sul cativo
O este é meu norte.

Outros que contem
Passo por passo:
Eu morro ontem

Nasço amanhã
Ando onde há espaço:
— Meu tempo é quando.

Nova York, 1950

ELEGIA NA MORTE DE
CLODOALDO PEREIRA DA SILVA MORAES,
POETA E CIDADÃO

A morte chegou pelo interurbano em longas espirais metálicas.
Era de madrugada. Ouvi a voz de minha mãe, viúva.
De repente não tinha pai.
No escuro de minha casa em Los Angeles procurei recompor tua
[lembrança
Depois de tanta ausência. Fragmentos da infância
Boiaram do mar de minhas lágrimas. Vi-me eu menino
Correndo ao teu encontro. Na ilha noturna
Tinham-se apenas acendido os lampiões a gás, e a clarineta
De Augusto geralmente procrastinava a tarde.
Era belo esperar-te, cidadão. O bondinho
Rangia nos trilhos a muitas praias de distância...
Dizíamos: "E-vem meu pai!". Quando a curva
Se acendia de luzes semoventes, ah, corríamos
Corríamos ao teu encontro. A grande coisa era chegar antes
Mas ser marraio em teus braços, sentir por último
Os doces espinhos da tua barba.
Trazias de então uma expressão indizível de fidelidade e paciência
Teu rosto tinha os sulcos fundamentais da doçura
De quem se deixou ser. Teus ombros possantes
Se curvavam como ao peso da enorme poesia
Que não realizaste. O barbante cortava teus dedos
Pesados de mil embrulhos: carne, pão, utensílios
Para o cotidiano (e frequentemente o binóculo
Que vivias comprando e com que te deixavas horas inteiras
Mirando o mar). Dize-me, meu pai
Que viste tantos anos através do teu óculo-de-alcance
Que nunca revelaste a ninguém?
Vencias o percurso entre a amendoeira e a casa como o atleta
[exausto no último lance da maratona.

Te grimpávamos. Eras penca de filho. Jamais
Uma palavra dura, um rosnar paterno. Entravas a casa humilde
A um gesto do mar. A noite se fechava
Sobre o grupo familial como uma grande porta espessa.

*

Muitas vezes te vi desejar. Desejavas. Deixavas-te olhando o mar
Com mirada de argonauta. Teus pequenos olhos feios
Buscavam ilhas, outras ilhas... — as imaculadas, inacessíveis
Ilhas do Tesouro. Querias. Querias um dia aportar
E trazer — depositar aos pés da amada as joias fulgurantes
Do teu amor. Sim, foste descobridor, e entre eles
Dos mais provectos. Muitas vezes te vi, comandante
Comandar, batido de ventos, perdido na fosforescência
De vastos e noturnos oceanos
Sem jamais.

Deste-nos pobreza e amor. A mim me deste
A suprema pobreza: o dom da poesia, e a capacidade de amar
Em silêncio. Foste um pobre. Mendigavas nosso amor
Em silêncio. Foste um no lado esquerdo. Mas
Teu amor inventou. Financiaste uma lancha
Movida a água: foi reta para o fundo. Partiste um dia
Para um brasil além, garimpeiro sem medo e sem mácula.
Doze luas voltaste. Tua primogênita — diz-se —
Não te reconheceu. Trazias grandes barbas e pequenas águas-ma-
                                        [rinhas.
Não eram, meu pai. A mim me deste
Águas-marinhas grandes, povoadas de estrelas, ouriços
E guaiamus gigantes. A mim me deste águas-marinhas
Onde cada concha carregava uma pérola. As águas-marinhas que
                                        [me deste
Foram meu primeiro leito nupcial.

*

Eras, meu pai morto
Um grande Clodoaldo
Capaz de sonhar
Melhor e mais alto
Precursor do binômio
Que reverteria
Ao nome original
Semente do sêmen
Revolucionário
Gentil-homem insigne
Poeta e funcionário
Sempre preterido
Nunca titular
Neto de Alexandre
Filho de Maria
Cônjuge de Lydia
Pai da Poesia.

*

Diante de ti homem não sou, não quero ser. És pai do menino
[que eu fui.
Entre minha barba viva e a tua morta, todavia crescendo
Há um toque irrealizado. No entanto, meu pai
Quantas vezes ao ver-te dormir na cadeira de balanço de muitas
[salas
De muitas casas de muitas ruas
Não te beijei em meu pensamento! Já então teu sono
Prenunciava o morto que és, e minha angústia
Buscava ressuscitar-te. Ressuscitavas. Teu olhar
Vinha de longe, das cavernas imensas do teu amor, aflito
Como a querer defender. Vias-me e sossegavas.
Pouco nos dizíamos: "Como vai?". Como vais, meu pobre pai
No teu túmulo? Dormes, ou te deixas
A contemplar acima — eu bem me lembro! — perdido
Na decifração de como ser?

Ah, dor! Como quisera
Ser de novo criança em teus braços e ficar admirando tuas mãos!
Como quisera escutar-te de novo cantar criando em mim
A atonia do passado! Quantas baladas, meu pai
E que lindas! Quem te ensinou as doces cantigas
Com que embalavas meu dormir? Voga sempre o leve batel
A resvalar macio pelas correntezas do rio da paixão?
Prosseguem as donzelas em êxtase na noite à espera da barquinha
Que busca o seu adeus? E continua a rosa a dizer à brisa
Que já não mais precisa os beijos seus?
Calaste-te, meu pai. No teu ergástulo
A voz não é — a voz com que me apresentavas aos teus amigos:
"Esse é meu filho FULANO DE TAL". E na maneira
De dizê-lo — o voo, o beijo, a bênção, a barba
Dura rocegando a pele, ai!

*

Tua morte, como todas, foi simples.
É coisa simples a morte. Dói, depois sossega. Quando sosse-
[gou —
Lembro-me que a manhã raiava em minha casa — já te havia eu
Recuperado totalmente: tal como te encontras agora, vestido de
[mim.

Não és, como não serás nunca para mim
Um cadáver sob um lençol.
És para mim aquele de quem muitos diziam: "É um poeta..."
Poeta foste, e és, meu pai. A mim me deste
O primeiro verso à namorada. Furtei-o
De entre teus papéis: quem sabe onde andará... Fui também
Verso teu: lembro ainda hoje o soneto que escreveste cele-
[brando-me
No ventre materno. E depois, muitas vezes
Vi-te na rua, sem que me notasses, transeunte
Com um ar sempre mais ansioso do que a vida. Levava-te a am-
[bição
De descobrir algo precioso que nos dar.

Por tudo o que não nos deste
Obrigado, meu pai.
Não te direi adeus, de vez que acordaste em mim
Com uma exatidão nunca sonhada. Em mim geraste
O Tempo: aí tens meu filho, e a certeza
De que, ainda obscura, a minha morte dá-lhe vida
Em prosseguimento à tua; aí tens meu filho
E a certeza de que lutarei por ele. Quando o viste a última vez
Era um menininho de três anos. Hoje cresceu
Em membros, palavras e dentes. Diz de ti, bilíngue:
"Vovô *was always teasing me...*"
É meu filho, teu neto. Deste-lhe, em tua digna humildade
Um caminho: o meu caminho. Marcha ele na vanguarda do fu-
                                                    [turo
Para um mundo em paz: o teu mundo — o único em que sou-
                            [beste viver; aquele que, entre lágrimas,
                            [cantos e martírios, realizaste à tua volta.

DESERT HOT SPRINGS

Na piscina pública de Desert Hot Springs
O homem, meu heroico semelhante
Arrasta pelo ladrilho deformidades insolúveis.
Nesta, como em outras lutas
Sua grandeza reveste-se de uma humilde paciência
E a dor física esconde sua ridícula pantomima
Sob a aparência de unhas feitas, lábios pintados e outros artifí-
                                            [cios de vaidade.
Macróbios espetaculares
Espapaçam ao sol as juntas espinhosas como cactos
Enquanto adolescências deletérias passeiam nas águas balsâmicas
Seus corpos, ah, seus corpos incapazes de nunca amar.
As cálidas águas minerais
Com que o deserto impôs às Câmaras de Comércio
Sua dura beleza outramente inabitável
Acariciam aleivosamente seios deflatados
Pernas esquálidas, gótico americano
De onde protuberam dolorosas cariátides patológicas.
Às bordas da piscina
A velhice engruvinhada morcega em posições fetais
Enquanto a infância incendida atira-se contra o azul
Estilhaçando gotas luminosas e libertando rictos
De faces mumificadas em sofrimentos e lembranças.
A Paralisia Infantil, a quem foi poupado um rosto talvez belo
Inveja, de seu líquido nicho, a Asma tensa e esquelética
Mas que conseguiu despertar o interesse do Reumatismo Defor-
                                            [mante.
Deitado num banco de pedra, a cabeça no colo de sua mãe, o
                                [olhar infinitamente ausente

Um *blue boy* extingue em longas espirais invisíveis
A cera triste de sua matéria inacabada — a culpa hereditária
Transformou a moça numa boneca sem cabimento.
O banhista, atlético e saudável
Recolhe periodicamente nos braços os despojos daquelas vidas
Coloca-os em suas cadeiras de rodas, devolve-os a guardiães
[expectantes
E lá se vão eles a enfrentar o que resta de mais um dia
E dos abismos da memória, sentados contra o deserto
O grande deserto nu e só, coberto de calcificações anômalas
E arbustos ensimesmados; o grande deserto antigo e áspero
Testemunha das origens; o grande deserto em luta permanente
[contra a morte
Habitado por plantas e bichos que ninguém sabe como vivem
Varado por ventos que vêm ninguém sabe donde.

RETRATO, À SUA MANEIRA
(João Cabral de Melo Neto)

Magro entre pedras
Calcárias possível
Pergaminho para
A anotação gráfica

O grafito Grave
Nariz poema o
Fêmur fraterno
Radiografável a

Olho nu Árido
Como o deserto
E além Tu
Irmão totem aedo

Exato e provável
No friso do tempo
Adiante Ave
Camarada diamante!

A HORA ÍNTIMA

Quem pagará o enterro e as flores
Se eu me morrer de amores?
Quem, dentre amigos, tão amigo
Para estar no caixão comigo?
Quem, em meio ao funeral
Dirá de mim: — Nunca fez mal...
Quem, bêbado, chorará em voz alta
De não me ter trazido nada?
Que virá despetalar pétalas
No meu túmulo de poeta?
Quem jogará timidamente
Na terra um grão de semente?
Quem elevará o olhar covarde
Até a estrela da tarde?
Quem me dirá palavras mágicas
Capazes de empalidecer o mármore?
Quem, oculta em véus escuros
Se crucificará nos muros?
Quem, macerada de desgosto
Sorrirá: — Rei morto, rei posto...
Quantas, debruçadas sobre o báratro
Sentirão as dores do parto?
Qual a que, branca de receio
Tocará o botão do seio?
Quem, louca, se jogará de bruços
A soluçar tantos soluços
Que há de despertar receios?
Quantos, os maxilares contraídos
O sangue a pulsar nas cicatrizes

Dirão: — Foi um doido amigo...
Quem, criança, olhando a terra
Ao ver movimentar-se um verme
Observará um ar de critério?
Quem, em circunstância oficial
Há de propor meu pedestal?
Quais os que, vindos da montanha
Terão circunspeção tamanha
Que eu hei de rir branco de cal?
Qual a que, o rosto sulcado de vento
Lançará um punhado de sal
Na minha cova de cimento?
Quem cantará canções de amigo
No dia do meu funeral?
Qual a que não estará presente
Por motivo circunstancial?
Quem cravará no seio duro
Uma lâmina enferrujada?
Quem, em seu verbo inconsútil
Há de orar: — Deus o tenha em sua guarda.
Qual o amigo que a sós consigo
Pensará: — Não há de ser nada...
Quem será a estranha figura
A um tronco de árvore encostada
Com um olhar frio e um ar de dúvida?
Quem se abraçará comigo
Que terá de ser arrancada?

Quem vai pagar o enterro e as flores
Se eu me morrer de amores?

MENINO MORTO
PELAS LADEIRAS DE OURO PRETO

Hoje a pátina do tempo cobre também o céu de outono
Para o teu enterro de anjinho, menino morto
Menino morto pelas ladeiras de Ouro Preto.
Berçam-te o sono essas velhas pedras por onde se esforça
Teu caixãozinho trêmulo, aberto em branco e rosa.
Nem rosas para o teu sono, menino morto
Menino morto pelas ladeiras de Ouro Preto.
Nem rosas para colorir teu rosto de cera
Tuas mãozinhas em prece, teu cabelo louro cortado rente...
Abre bem teus olhos opacos, menino morto
Menino morto pelas ladeiras de Ouro Preto.
Acima de ti o céu é antigo, não te compreende.
Mas logo terás, no Cemitério das Mercês-de-Cima
Caramujos e gongolos da terra para brincar como gostavas
Nos baldios do velho córrego, menino morto
Menino morto pelas ladeiras de Ouro Preto.
Ah, pequenino cadáver a mirar o tempo
Que doçura a tua; como saíste do meu peito
Para esta negra tarde a chover cinzas...
Que miséria a tua, menino morto
Que pobrinhos os garotos que te acompanham
Empunhando flores do mato pelas ladeiras de Ouro Preto...
Que vazio restou o mundo com a tua ausência...
Que silentes as casas... que desesperado o crepúsculo
A desfolhar as primeiras pétalas de treva...

1952

POEMA DOS OLHOS DA AMADA

Ó minha amada
Que olhos os teus
São cais noturnos
Cheios de adeus
São docas mansas
Trilhando luzes
Que brilham longe
Longe nos breus...

Ó minha amada
Que olhos os teus
Quanto mistério
Nos olhos teus
Quantos saveiros
Quantos navios
Quantos naufrágios
Nos olhos teus...

Ó minha amada
Que olhos os teus
Se Deus houvera
Fizera-os Deus
Pois não os fizera
Quem não soubera
Que há muitas eras
Nos olhos teus.

Ah, minha amada
De olhos ateus

Cria a esperança
Nos olhos meus
De verem um dia
O olhar mendigo
Da poesia
Nos olhos teus.

Rio, 1950

O POETA HART CRANE SUICIDA-SE NO MAR

Quando mergulhaste na água
Não sentiste como é fria
Como é fria assim na noite
Como é fria, como é fria?
E ao teu medo que por certo
Te acordou da nostalgia
(Essa incrível nostalgia
Dos que vivem no deserto...)
Que te disse a Poesia?

Que te disse a Poesia
Quando Vênus que luzia
No céu tão perto (tão longe
Da tua melancolia...)
Brilhou na tua agonia
De moribundo desperto?

Que te disse a Poesia
Sobre o líquido deserto
Ante o mar boquiaberto
Incerto se te engolia
Ou ao navio a rumo certo
Que na noite se escondia?

Temeste a morte, poeta?
Temeste a escarpa sombria
Que sob a tua agonia
Descia sem rumo certo?
Como sentiste o deserto

O deserto absoluto
O oceano absoluto
Imenso, sozinho, aberto?

Que te falou o Universo
O Infinito a descoberto?
Que te disse o amor incerto
Das ondas na ventania?
Que frouxos de zombaria
Não ouviste, ainda desperto
Às estrelas que por certo
Cochichavam luz macia?

Sentiste angústia, poeta
Ou um espasmo de alegria
Ao sentires que bulia
Um peixe nadando perto?
A tua carne não fremia
À ideia da dança inerte
Que teu corpo dançaria
No pélago submerso?

Dançaste muito, poeta
Entre os véus da água sombria
Coberto pela redoma
Da grande noite vazia?
Que coisas viste, poeta?
De que segredos soubeste
Suspenso na crista agreste
Do imenso abismo sem meta?

Dançaste muito, poeta?
Que te disse a Poesia?

Rio, 1953

A BRUSCA POESIA DA MULHER AMADA (ii)

A mulher amada carrega o cetro, o seu fastígio
É máximo. A mulher amada é aquela que aponta para a noite
E de cujo seio surge a aurora. A mulher amada
É quem traça a curva do horizonte e dá linha ao movimento dos
                                                    [astros.
Não há solidão sem que sobrevenha a mulher amada
Em seu acúmen. A mulher amada é o padrão índigo da cúpula
E o elemento verde antagônico. A mulher amada
É o tempo passado no tempo presente no tempo futuro
No sem-tempo. A mulher amada é o navio submerso
É o tempo submerso, é a montanha imersa em líquen.
É o mar, é o mar, é o mar a mulher amada
E sua ausência. Longe, no fundo plácido da noite
Outra coisa não é senão o seio da mulher amada
Que ilumina a cegueira dos homens. Alta, tranquila e trágica
É essa que eu chamo pelo nome de mulher amada
Nascitura. Nascitura de mulher amada
É a mulher amada. A mulher amada é a mulher amada é a mulher
                                                    [amada
É a mulher amada. Quem é que semeia o vento? — a mulher
                                                    [amada!
Quem colhe a tempestade? — a mulher amada!
Quem determina os meridianos? — a mulher amada!
Quem a misteriosa portadora de si mesma? A mulher amada.
Talvegue, estrela, petardo
Nada a não ser a mulher amada necessariamente amada
Quando! E de outro modo não seja, pois é ela
A coluna e o gral, a fé e o símbolo, implícita
Na criação. Por isso, seja ela! A ela o canto e a oferenda

O gozo e o privilégio, a taça erguida e o sangue do poeta
Correndo pelas ruas e iluminando as perplexidades.
Eia, a mulher amada! Seja ela o princípio e o fim de todas as
[coisas.
Poder geral, completo, absoluto à mulher amada!

Rio, 1950

A QUE VEM DE LONGE

A minha amada veio de leve
A minha amada veio de longe
A minha amada veio em silêncio
    Ninguém se iluda.

A minha amada veio da treva
Surgiu da noite qual dura estrela
Sempre que penso no seu martírio
    Morro de espanto.

A minha amada veio impassível
Os pés luzindo de luz macia
Os alvos braços em cruz abertos
    Alta e solene.

Ao ver-me posto, triste e vazio
Num passo rápido a mim chegou-se
E com singelo, doce ademane
    Roçou-me os lábios

Deixei-me preso ao seu rosto grave
Preso ao seu riso, no entanto ausente
Inconsciente de que chorava
    Sem dar-me conta.

Depois senti-lhe o tímido tato
Dos lentos dedos tocar-me o peito
E as unhas longas se me cravarem
    Profundamente.

Aprisionado, num só meneio
Ela cobriu-me de seus cabelos
E os duros lábios no meu pescoço
    Pôs-se a sugar-me.

Muitas auroras transpareceram
Do meu crescente ficar exangue
Enquanto a amada suga-me o sangue
    Que é a luz da vida.

1951

RECEITA DE MULHER

As muito feias que me perdoem
Mas beleza é fundamental. É preciso
Que haja qualquer coisa de flor em tudo isso
Qualquer coisa de dança, qualquer coisa de *haute couture*
Em tudo isso (ou então
Que a mulher se socialize elegantemente em azul, como na Re-
[pública Popular Chinesa).
Não há meio-termo possível. É preciso
Que tudo isso seja belo. É preciso que súbito
Tenha-se a impressão de ver uma garça apenas pousada e que um
[rosto
Adquira de vez em quando essa cor só encontrável no terceiro
[minuto da aurora.
É preciso que tudo isso seja sem ser, mas que se reflita e desa-
[broche
No olhar dos homens. É preciso, é absolutamente preciso
Que seja tudo belo e inesperado. É preciso que umas pálpebras
[cerradas
Lembrem um verso de Éluard e que se acaricie nuns braços
Alguma coisa além da carne: que se os toque
Como no âmbar de uma tarde. Ah, deixai-me dizer-vos
Que é preciso que a mulher que ali está como a corola ante o
[pássaro
Seja bela ou tenha pelo menos um rosto que lembre um templo e
Seja leve como um resto de nuvem: mas que seja uma nuvem
Com olhos e nádegas. Nádegas é importantíssimo. Olhos, então
Nem se fala, que olhem com certa maldade inocente. Uma boca
Fresca (nunca úmida!) é também de extrema pertinência.
É preciso que as extremidades sejam magras; que uns ossos

Despontem, sobretudo a rótula no cruzar das pernas, e as pontas
[pélvicas
No enlaçar de uma cintura semovente.
Gravíssimo é porém o problema das saboneteiras: uma mulher
[sem saboneteiras
É como um rio sem pontes. Indispensável
Que haja uma hipótese de barriguinha, e em seguida
A mulher se alteie em cálice, e que seus seios
Sejam uma expressão greco-romana, mais que gótica ou barroca
E possam iluminar o escuro com uma capacidade mínima de
[cinco velas.
Sobremodo pertinaz é estarem a caveira e a coluna vertebral
Levemente à mostra; e que exista um grande latifúndio dorsal!
Os membros que terminem como hastes, mas bem haja um certo
[volume de coxas
E que elas sejam lisas, lisas como a pétala e cobertas de suavís-
[sima penugem
No entanto, sensível à carícia em sentido contrário.
É aconselhável na axila uma doce relva com aroma próprio
Apenas sensível (um mínimo de produtos farmacêuticos!).
Preferíveis sem dúvida os pescoços longos
De forma que a cabeça dê por vezes a impressão
De nada ter a ver com o corpo, e a mulher não lembre
Flores sem mistério. Pés e mãos devem conter elementos góticos
Discretos. A pele deve ser fresca nas mãos, nos braços, no dorso
[e na face
Mas que as concavidades e reentrâncias tenham uma tempera-
[tura nunca inferior
A 37° centígrados, podendo eventualmente provocar queima-
[duras
Do primeiro grau. Os olhos, que sejam de preferência grandes
E de rotação pelo menos tão lenta quanto a da Terra; e
Que se coloquem sempre para lá de um invisível muro de paixão
Que é preciso ultrapassar. Que a mulher seja em princípio alta
Ou, caso baixa, que tenha a atitude mental dos altos píncaros.

Ah, que a mulher dê sempre a impressão de que se se fechar os
[olhos
Ao abri-los ela não mais estará presente
Com seu sorriso e suas tramas. Que ela surja, não venha; parta,
[não vá
E que possua uma certa capacidade de emudecer subitamente e
[nos fazer beber
O fel da dúvida. Oh, sobretudo
Que ela não perca nunca, não importa em que mundo
Não importa em que circunstâncias, a sua infinita volubilidade
De pássaro; e que acariciada no fundo de si mesma
Transforme-se em fera sem perder sua graça de ave; e que exale
[sempre
O impossível perfume; e destile sempre
O embriagante mel; e cante sempre o inaudível canto
Da sua combustão; e não deixe de ser nunca a eterna dançarina
Do efêmero; e em sua incalculável imperfeição
Constitua a coisa mais bela e mais perfeita de toda a criação inu-
[merável.

BALADA NEGRA

Éramos meu pai e eu
E um negro, negro cavalo
Ele montado na sela,
Eu na garupa enganchado.
Quando? eu nem sabia ler
Por quê? saber não me foi dado
Só sei que era o alto da serra
Nas cercanias de Barra.
Ao negro corpo paterno
Eu vinha muito abraçado
Enquanto o cavalo lerdo
Negramente caminhava.
Meus olhos escancarados
De medo e negra friagem
Eram buracos na treva
Totalmente impenetrável.
Às vezes sem dizer nada
O grupo equestre estacava
E havia um negro silêncio
Seguido de outros mais vastos.
O animal apavorado
Fremia as ancas molhadas
Do negro orvalho pendente
De negras, negras ramadas.
Eu ausente de mim mesmo
Pelo negrume em que estava
Recitava padre-nossos
Exorcizando os fantasmas.
As mãos da brisa silvestre

Vinham de luto enluvadas
Acarinhar-me os cabelos
Que se me punham eriçados.
As estrelas nessa noite
Dormiam num negro claustro
E a lua morta jazia
Envolta em negra mortalha.
Os pássaros da desgraça
Negros no escuro piavam
E a floresta crepitava
De um negror irremediável.
As vozes que me falavam
Eram vozes sepulcrais
E o corpo a que eu me abraçava
Era o de um morto a cavalo.
O cavalo era um fantasma
Condenado a caminhar
No negro bojo da noite
Sem destino e a nunca mais.
Era eu o negro infante
Condenado ao eterno báratro
Para expiar por todo o sempre
Os meus pecados da carne.
Uma coorte de padres
Para a treva me apontava
Murmurando vade-retros
Soletrando breviários.
Ah, que pavor negregado
Ah, que angústia desvairada
Naquele túnel sem termo
Cavalgando sem cavalo!

Foi quando meu pai me disse:
— Vem nascendo a madrugada...
E eu embora não a visse

Pressentia-a nas palavras
De meu pai ressuscitado
Pela luz da realidade.

E assim foi. Logo na mata
O seu rosa imponderável
Aos poucos se insinuava
Revelando coisas mágicas.
A sombra se desfazendo
Em entretons de cinza e opala
Abria um claro na treva
Para o mundo vegetal.
O cavalo pôs-se esperto
Como um cavalo de fato
Trotando de rédea curta
Pela úmida picada.
Ah, que doçura dolente
Naquela aurora raiada
Meu pai montando na frente
Eu na garupa enganchado!
Apertei-o fortemente
Cheio de amor e cansaço
Enquanto o bosque se abria
Sobre o luminoso vale...
E assim fui-me ao sono, certo
De que meu pai estava perto
E a manhã se anunciava.
Hoje que conheço a aurora
E sei onde caminhar
Hoje sem medo da treva
Sem medo de não me achar
Hoje que morto meu pai
Não tenho em quem me apoiar
Ah, quantas vezes com ele
Vou no túmulo deitar

E ficamos cara a cara
Na mais doce intimidade
Certos que a morte não leva:
Certos de que toda treva
Tem a sua madrugada.

SONETO DO AMOR TOTAL

Amo-te tanto, meu amor... não cante
O humano coração com mais verdade..
Amo-te como amigo e como amante
Numa sempre diversa realidade.

Amo-te afim, de um calmo amor prestante
E te amo além, presente na saudade.
Amo-te, enfim, com grande liberdade
Dentro da eternidade e a cada instante.

Amo-te como um bicho, simplesmente
De um amor sem mistério e sem virtude
Com um desejo maciço e permanente.

E de te amar assim, muito e amiúde
É que um dia em teu corpo de repente
Hei de morrer de amar mais do que pude.

Rio, 1951

BALADA DAS
DUAS MOCINHAS DE BOTAFOGO

Eram duas menininhas
Filhas de boa família:
Uma chamada Marina
A outra chamada Marília.
Os dezoito da primeira
Eram brejeiros e finos
Os vinte da irmã cabiam
Numa mulher pequenina.
Sem terem nada de feias
Não chegavam a ser bonitas
Mas eram meninas-moças
De pele fresca e macia.
O nome ilustre que tinham
De um pai desaparecido
Nelas deixara a evidência
De tempos mais bem vividos.
A mãe pertencia à classe
Das largadas de marido
Seus oito lustros de vida
Davam a impressão de mais cinco.
Sofria muito de asma
E da desgraça das filhas
Que, posto boas meninas
Eram tão desprotegidas
E por total abandono
Davam mais do que galinhas.

Casa de porta e janela
Era a sua moradia

E dentro da casa aquela
Mãe pobre e melancolia.
Quando à noite as menininhas
Se aprontavam pra sair
A loba materna uivava
Suas torpes profecias.
De fato deve ser triste
Ter duas filhas assim
Que nada tendo a ofertar
Em troca de uma saída
Dão tudo o que têm aos homens:
A mão, o sexo, o ouvido
E até mesmo, quando instadas
Outras flores do organismo.

Foi assim que se espalhou
A fama das menininhas
Através do que esse disse
E do que aquele diria.
Quando a um grupo de rapazes
A noite não era madrinha
E a caça de mulher grátis
Resultava-lhes maninha
Um deles qualquer lembrava
De Marília e de Marina
E um telefone soava
De um constante toque cínico
No útero de uma mãe
E suas duas filhinhas.

Oh, vida torva e mesquinha
A de Marília e Marina
Vida de porta e janela
Sem amor e sem comida
Vida de arroz requentado
E média com pão dormido

Vida de sola furada
E cotovelo puído
Com seios moços no corpo
E na mente sonhos idos!

Marília perdera o seu
Nos dedos de um caixeirinho
Que o que dava em coca-cola
Cobrava em rude carinho.
Com quatorze apenas feitos
Marina não era mais virgem
Abrira os prados do ventre
A um treinador pervertido.
Embora as lutas do sexo
Não deixem marcas visíveis
Tirante as flores lilases
Do sadismo e da sevícia
Às vezes deixam no amplexo
Uma grande náusea íntima
E transformam o que é de gosto
Num desgosto incoercível.

E era esse bem o caso
De Marina e de Marília
Quando sozinhas em casa
Não tinham com quem sair.
Ficavam olhando paradas
As paredes carcomidas
Mascando bolas de chicles
Bebendo água de moringa.
Que abismos de desconsolo
Ante seus olhos se abriam
Ao ouvirem a asma materna
Silvar no quarto vizinho!

Os monstros da solidão
Uivavam no seu vazio
E elas então se abraçavam
Se beijavam e se mordiam
Imitando coisas vistas
Coisas vistas e vividas
Enchendo as frondes da noite
De pipilares tardios.
Ah, se o sêmen de um minuto
Fecundasse as menininhas
E nelas crescessem ventres
Mais do que a tristeza íntima!
Talvez de novo o mistério
Morasse em seus olhos findos
E nos seus lábios inconhos
Enflorescessem sorrisos.
Talvez a face dos homens
Se fizesse, de maligna
Na doce máscara pensa
Do seu sonho de meninas!

Mas tal não fosse o destino
De Marília e de Marina.
Um dia, que a noite trouxe
Coberto de cinzas frias
Como sempre acontecia
Quando achavam-se sozinhas
No velho sofá da sala
Brincaram-se as menininhas.
Depois se olharam nos olhos
Nos seus pobres olhos findos
Marina apagou a luz
Deram-se as mãos, foram indo
Pela rua transversal
Cheia de negros baldios.
Às vezes pela calçada

Brincavam de amarelinha
Como faziam no tempo
Da casa dos tempos idos.
Diante do cemitério
Já nada mais se diziam.
Vinha um bonde a nove-pontos...
Marina puxou Marília
E diante do semovente
Crescendo em luzes aflitas
Num desesperado abraço
Postaram-se as menininhas.

Foi só um grito e o ruído
Da freada sobre os trilhos
E por toda parte o sangue
De Marília e de Marina.

MÁSCARA MORTUÁRIA
DE GRACILIANO RAMOS

Feito só, sua máscara paterna
Sua máscara tosca, de acre-doce
Feição, sua máscara austerizou-se
Numa preclara decisão eterna.

Feito só, feito pó, desencantou-se
Nele o íntimo arcanjo, a chama interna
Da paixão em que sempre se queimou
Seu duro corpo que ora longe inverna.

Feito pó, feito pólen, feito fibra
Feito pedra, feito o que é morto e vibra
Sua máscara enxuta de homem forte

Isto revela em seu silêncio à escuta:
Numa severa afirmação de luta
Uma impassível negação da morte.

Rio, março, 1953

O MERGULHADOR

E il naufragar m 'è dolce in questo mare
Leopardi

Como, dentro do mar, libérrimos, os polvos
No líquido luar tateiam a coisa a vir
Assim, dentro do ar, meus lentos dedos loucos
Passeiam no teu corpo a te buscar-te a ti.

És a princípio doce plasma submarino
Flutuando ao sabor de súbitas correntes
Frias e quentes, substância estranha e íntima
De teor irreal e tato transparente.

Depois teu seio é a infância, duna mansa
Cheia de alísios, marco espectral do istmo
Onde, a nudez vestida só de lua branca
Eu ia mergulhar minha face já triste.

Nele soterro a mão como a cravei criança
Noutro seio de que me lembro, também pleno...
Mas não sei... o ímpeto deste é doído e espanta
O outro me dava vida, este me mete medo.

Toco uma a uma as doces glândulas em feixes
Com a sensação que tinha ao mergulhar os dedos
Na massa cintilante e convulsa de peixes
Retiradas ao mar nas grandes redes pensas.

E ponho-me a cismar... — mulher, como te expandes!
Que imensa és tu! maior que o mar, maior que a infância!
De coordenadas tais e horizontes tão grandes
Que assim imersa em amor és uma Atlântida!

Vem-me a vontade de matar em ti toda a poesia
Tenho-te em garra; olhas-me apenas; e ouço
No tato acelerar-se-me o sangue, na arritmia
Que faz meu corpo vil querer teu corpo moço.

E te amo, e te amo, e te amo, e te amo
Como o bicho feroz ama, a morder, a fêmea
Como o mar ao penhasco onde se atira insano
E onde a bramir se aplaca e a que retorna sempre.

Tenho-te e dou-me a ti válido e indissolúvel
Buscando a cada vez, entre tudo o que enerva
O imo do teu ser, o vórtice absoluto
Onde possa colher a grande flor da treva.

Amo-te os longos pés, ainda infantis e lentos
Na tua criação; amo-te as hastes tenras
Que sobem em suaves espirais adolescentes
E infinitas, de toque exato e frêmito.

Amo-te os braços juvenis que abraçam
Confiantes meu criminoso desvario
E as desveladas mãos, as mãos multiplicantes
Que em cardume acompanham o meu nadar sombrio.

Amo-te o colo pleno, onda de pluma e âmbar
Onda lenta e sozinha onde se exaure o mar
E onde é bom mergulhar até romper-me o sangue
E me afogar de amor e chorar e chorar.

Amo-te os grandes olhos sobre-humanos
Nos quais, mergulhador, sondo a escura voragem
Na ânsia de descobrir, nos mais fundos arcanos
Sob o oceano, oceanos; e além, a minha imagem.

Por isso — isso e ainda mais que a poesia não ousa
Quando depois de muito mar, de muito amor
Emergindo de ti, ah, que silêncio pousa
Ah, que tristeza cai sobre o mergulhador!

Rio, 1951

POEMA DE AUTEIL

A coisa não é bem essa.
Não há nenhuma razão no mundo (ou talvez só tu, Tristeza!)
Para eu estar andando nesse meio-dia por essa rua estrangeira
[com o nome de um pintor estrangeiro.
Eu devia estar andando numa rua chamada travessa Di Caval-
[canti
No Alto da Tijuca, ou melhor na Gávea, ou melhor ainda, no
[lado de dentro de Ipanema:
E não vai nisso nenhum verde-amarelismo. De verde quereria
[apenas um colo de morro e de amarelo um pé de
[acácias repontando de um quintal entre telhados.
Deveria vir de algum lugar
Um dedilhar de menina estudando piano ou o assovio de um ci-
[clista
Trauteando um samba de Antônio Maria. Deveria haver
Um silêncio pungente cortado apenas
Por um canto de cigarra bruscamente interrompido
E o ruído de um ônibus varando como um desvairado uma prefe-
[rencial vizinha.
Deveria súbito
Fazer-se ouvir num apartamento térreo próximo
Uma fresca descarga de latrina abrindo um frio vórtice na espes-
[sura irremediável do mormaço
Enquanto ao longe
O vulto de uma banhista (que tristeza sem fim voltar da praia!)
Atravessaria lentamente a rua arrastando um guarda-sol ver-
[melho.
Ah, que vontade de chorar me subiria!
Que vontade de morrer, de me diluir em lágrimas

Entre uns seios suados de mulher! Que vontade
De ser menino, em vão, me subiria
Numa praia luminosa e sem fim, a buscar o não-sei-quê
Da infância, que faz correr correr correr...
Deveria haver também um rato morto na sarjeta, um odor de
[bogaris
E um cheiro de peixe fritando. Deveria
Haver muito calor, que uma sub-reptícia
Brisa viria suavizar fazendo festa na axila.
Deveria haver em mim um vago desejo de mulher e ao mesmo
[tempo
De espaciar-me. Relógios deveriam bater
Alternadamente como bons relógios nunca certos.
Eu poderia estar voltando de, ou indo para: não teria a menor
[importância.
O importante seria saber que eu estava presente
A um momento sem história, defendido embora
Por muros, casas e ruas (e sons, especialmente
Esses que fizeram dizer a um locutor novato, numa homenagem
[póstuma: "Acabaram de ouvir um minuto de silêncio...")
Capazes de testemunhar por mim em minha imensa
E inútil poesia.
Eu deveria estar sem saber bem para onde ir: se para a casa ma-
[terna
E seus encantados recantos, ou se para o apartamento do meu
[velho Braga
De onde me poria a telefonar, à Amiga e às amigas
A convocá-las para virem beber conosco, virem todas
Beber e conversar conosco e passear diante de nossos olhos
[gastos
A graça e nostalgia com que povoam a nossa infinita solidão.

O OPERÁRIO EM CONSTRUÇÃO

> *E o Diabo, levando-o a um alto monte,*
> *mostrou-lhe num momento de tempo*
> *todos os reinos do mundo. E disse-lhe o*
> *Diabo: — Dar-te-ei todo este poder e a*
> *sua glória, porque a mim me foi entregue*
> *e dou-o a quem quero; portanto, se tu me*
> *adorares, tudo será teu. E Jesus, respon-*
> *dendo, disse-lhe: — Vai-te, Satanás; por-*
> *que está escrito: adorarás o Senhor teu*
> *Deus e só a Ele servirás.*
>
> Lucas, cap. v, versículos 5-8

Era ele que erguia casas
Onde antes só havia chão.
Como um pássaro sem asas
Ele subia com as casas
Que lhe brotavam da mão.
Mas tudo desconhecia
De sua grande missão:
Não sabia, por exemplo
Que a casa de um homem é um templo
Um templo sem religião
Como tampouco sabia
Que a casa que ele fazia
Sendo a sua liberdade
Era a sua escravidão.

De fato, como podia
Um operário em construção
Compreender por que um tijolo
Valia mais do que um pão?
Tijolos ele empilhava
Com pá, cimento e esquadria

Quanto ao pão, ele o comia...
Mas fosse comer tijolo!
E assim o operário ia
Com suor e com cimento
Erguendo uma casa aqui
Adiante um apartamento
Além uma igreja, à frente
Um quartel e uma prisão:
Prisão de que sofreria
Não fosse, eventualmente
Um operário em construção.

Mas ele desconhecia
Esse fato extraordinário:
Que o operário faz a coisa
E a coisa faz o operário.
De forma que, certo dia
À mesa, ao cortar o pão
O operário foi tomado
De uma súbita emoção
Ao constatar assombrado
Que tudo naquela mesa
— Garrafa, prato, facão —
Era ele quem os fazia
Ele, um humilde operário,
Um operário em construção.
Olhou em torno: gamela
Banco, enxerga, caldeirão
Vidro, parede, janela
Casa, cidade, nação!
Tudo, tudo o que existia
Era ele quem o fazia
Ele, um humilde operário
Um operário que sabia
Exercer a profissão.

Ah, homens de pensamento
Não sabereis nunca o quanto
Aquele humilde operário
Soube naquele momento!
Naquela casa vazia
Que ele mesmo levantara
Um mundo novo nascia
De que sequer suspeitava.
O operário emocionado
Olhou sua própria mão
Sua rude mão de operário
De operário em construção
E olhando bem para ela
Teve um segundo a impressão
De que não havia no mundo
Coisa que fosse mais bela.

Foi dentro da compreensão
Desse instante solitário
Que, tal sua construção
Cresceu também o operário.
Cresceu em alto e profundo
Em largo e no coração
E como tudo que cresce
Ele não cresceu em vão
Pois além do que sabia
— Exercer a profissão —
O operário adquiriu
Uma nova dimensão:
A dimensão da poesia.

E um fato novo se viu
Que a todos admirava:
O que o operário dizia
Outro operário escutava.

E foi assim que o operário
Do edifício em construção
Que sempre dizia *sim*
Começou a dizer *não*.
E aprendeu a notar coisas
A que não dava atenção:

Notou que sua marmita
Era o prato do patrão
Que sua cerveja preta
Era o uísque do patrão
Que seu macacão de zuarte
Era o terno do patrão
Que o casebre onde morava
Era a mansão do patrão
Que seus dois pés andarilhos
Eram as rodas do patrão
Que a dureza do seu dia
Era a noite do patrão
Que sua imensa fadiga
Era amiga do patrão.

E o operário disse: Não!
E o operário fez-se forte
Na sua resolução.

Como era de se esperar
As bocas da delação
Começaram a dizer coisas
Aos ouvidos do patrão.
Mas o patrão não queria
Nenhuma preocupação.
— "Convençam-no" do contrário
Disse ele sobre o operário
E ao dizer isso sorria.

Dia seguinte, o operário
Ao sair da construção
Viu-se súbito cercado
Dos homens da delação
E sofreu, por destinado
Sua primeira agressão.
Teve seu rosto cuspido
Teve seu braço quebrado
Mas quando foi perguntado
O operário disse: Não!

Em vão sofrera o operário
Sua primeira agressão
Muitas outras se seguiram
Muitas outras seguirão.
Porém, por imprescindível
Ao edifício em construção
Seu trabalho prosseguia
E todo o seu sofrimento
Misturava-se ao cimento
Da construção que crescia.

Sentindo que a violência
Não dobraria o operário
Um dia tentou o patrão
Dobrá-lo de modo vário.
De sorte que o foi levando
Ao alto da construção
E num momento de tempo
Mostrou-lhe toda a região
E apontando-a ao operário
Fez-lhe esta declaração:
— Dar-te-ei todo esse poder
E a sua satisfação
Porque a mim me foi entregue
E dou-o a quem bem quiser.

Dou-te tempo de lazer
Dou-te tempo de mulher.
Portanto, tudo o que vês
Será teu se me adorares
E, ainda mais, se abandonares
O que te faz dizer *não*.

Disse, e fitou o operário
Que olhava e que refletia
Mas o que via o operário
O patrão nunca veria.
O operário via as casas
E dentro das estruturas
Via coisas, objetos
Produtos, manufaturas.
Via tudo o que fazia
O lucro do seu patrão
E em cada coisa que via
Misteriosamente havia
A marca de sua mão.
E o operário disse: Não!

— Loucura! — gritou o patrão
Não vês o que te dou eu?
— Mentira! — disse o operário
Não podes dar-me o que é meu.

E um grande silêncio fez-se
Dentro do seu coração
Um silêncio de martírios
Um silêncio de prisão.
Um silêncio povoado
De pedidos de perdão
Um silêncio apavorado
Com o medo em solidão.

Um silêncio de torturas
E gritos de maldição
Um silêncio de fraturas
A se arrastarem no chão.
E o operário ouviu a voz
De todos os seus irmãos
Os seus irmãos que morreram
Por outros que viverão.
Uma esperança sincera
Cresceu no seu coração
E dentro da tarde mansa
Agigantou-se a razão
De um homem pobre e esquecido
Razão porém que fizera
Em operário construído
O operário em construção.

APÊNDICE

TRÍPTICO NA MORTE DE
SERGEI MIKHAILOVITCH EISENSTEIN

I

Camarada Eisenstein, muito obrigado
Pelos dilemas, e pela montagem
De *Canal de Ferghana*, irrealizado
E outras afirmações. Tu foste a imagem

Em movimento. Agora, unificado
À tua própria imagem, muito mais
De ti, sobre o futuro projetado
Nos hás de restituir. Boa viagem

Camarada, através dos grandes gelos
Imensuráveis. Nunca vi mais belos
Céus que esses sob que caminhas, só

E infatigável, a despertar o assombro
Dos horizontes com tua câmara ao ombro...
Spasibo, tovarishch. Khorosho.

II

Pelas auroras imobilizadas
No instante anterior; pelos gerais
Milagres da matéria; pela paz
Da matéria; pelas transfiguradas

Faces da História; pelo conteúdo
Da História e em nome de seus grandes idos

Pela correspondência dos sentidos
Pela vida a pulsar dentro de tudo

Pelas nuvens errantes; pelos montes
Pelos inatingíveis horizontes
Pelos sons; pelas cores; pela voz

Humana; pelo Velho e pelo Novo
Pelo misterioso amor do povo
Spasibo, tovarishch. Khorosho.

III

O cinema é infinito – não se mede.
Não tem passado nem futuro. Cada
Imagem só existe interligada
À que a antecedeu e à que a sucede.

O cinema é a presciente antevisão
Na sucessão de imagens. O cinema
É o que não se vê, é o que não é
Mas resulta: a indizível dimensão.

Cinema é Odessa, imóvel na manhã
À espera do massacre; é *Nevski*; é *Ivan
O Terrível*; és tu, mestre! maior

Entre os maiores, grande destinado...
Muito bem, Eisenstein. Muito obrigado.
Spasibo, tovarishch. Khorosho.

Los Angeles, 12/2/1958

ÍNDICE DE POEMAS
E PRIMEIROS VERSOS